Elijo aprender a amarme

Elijo aprender a amarme

Sana tu niño interior, sana tu vida

MARÍA JOSÉ CABANILLAS

DIANA

Obra editada en colaboración con Editorial Planeta – España

© María José Cabanillas, 2023

© 2023, Centro de Libros PAPF, SLU. – Barcelona, España

Derechos reservados

© 2025, Editorial Planeta Mexicana, S.A. de C.V.
Bajo el sello editorial DIANA M.R.
Avenida Presidente Masarik núm. 111,
Piso 2, Polanco V Sección, Miguel Hidalgo
C.P. 11560, Ciudad de México
www.planetadelibros.com.mx

Primera edición impresa en España: octubre de 2023
ISBN: 978-84-1344-280-8

Primera edición impresa en México: enero de 2025
ISBN: 978-607-39-2307-1

No se permite la reproducción total o parcial de este libro ni su incorporación a un sistema informático, ni su transmisión en cualquier forma o por cualquier medio, sea este electrónico, mecánico, por fotocopia, por grabación u otros métodos, sin el permiso previo y por escrito de los titulares del *copyright.*

La infracción de los derechos mencionados puede ser constitutiva de delito contra la propiedad intelectual (Arts. 229 y siguientes de la Ley Federal del Derecho de Autor y Arts. 424 y siguientes del Código Penal Federal).

Si necesita fotocopiar o escanear algún fragmento de esta obra diríjase al CeMPro (Centro Mexicano de Protección y Fomento de los Derechos de Autor, http://www.cempro.org.mx).

Impreso en Operadora Quitresa S.A. de C.V.
Goma 167, Granjas Mexico, Iztacalco,
Ciudad de México, C.P. 08400
Impreso en México - *Printed in Mexico*

A Caramelo

Sumario

Introducción

Mi intención al escribir este libro es que aumentes tu autoestima y tu bienestar emocional a través de la práctica. La mejor manera de integrar un nuevo hábito en tu vida es la repetición constante.

En cada capítulo expondré conceptos teóricos y, a continuación, te invitaré a realizar una serie de ejercicios. Mi consejo es que en una primera lectura leas el libro al completo, ya que todos los capítulos se complementan, para adquirir una mayor comprensión. Seguidamente, vuelve al principio para aplicar en la vida real las propuestas que te recomiendo con el fin de elevar tu autoestima y tu salud emocional.

Durante estas páginas voy a plantearte muchas preguntas para que puedas llegar a ese autoconocimiento, que consiste en saber cómo pensamos, actuamos y sentimos, y llevar a cabo los cambios que se requieran con el fin de aumentar tu amor propio. Hasta que no iniciemos un proceso de autoconocimiento profundo, seremos muy ajenos a todo lo que se oculta bajo nuestras motivaciones, reacciones, emociones y pensamientos.

Una autoestima bien forjada es la base de la salud mental y emocional; es un sentimiento de aprecio, valía, respeto y aceptación de uno mismo que aporta confianza y seguridad. No hay fórmulas mágicas para aumentarla, hay constancia, perseverancia y paciencia. Normalmente las cosas que realmente valen la pena requieren de una buena dosis de paciencia.

En este viaje, el símbolo que utilizo para que aprendas a quererte más y mejor es el **niño interior**. Éste es un concepto que representa las cualidades del corazón, como son la pureza, la espontaneidad, la inocencia, la curiosidad, el amor, la alegría y la creatividad. Asimismo, también representa las emociones dolorosas y reprimidas de la infancia, como el abandono, el rechazo, la inseguridad, la soledad..., que tienen un impacto directo en nuestra autoestima y, por lo tanto, en cómo pensamos, sentimos y actuamos en nuestra vida adulta.

La baja autoestima y el miedo a brillar han prevalecido ya demasiado tiempo. El amor es ser tú mismo, es libertad para hacer, ser o tener lo que quieras, sin intención de dañar a nadie. ¿Te permites esa libertad? ¿Consientes relaciones que no son equilibradas y en las que te faltan al respeto? ¿Tienes una imagen muy pobre de ti mismo y no te atreves a mostrar tus talentos al mundo? ¿Haces lo que sea necesario para gustar, aunque sea yendo en contra de ti mismo? ¿Dices «sí» cuando en realidad quieres decir «no»?

Esto lo observo constantemente en los talleres que imparto sobre la sanación del niño interior: adultos con grandes heridas del pasado que les suponen ahora un gran bloqueo. Miro dentro de los ojos de esas personas y lo que veo son niños asustados, inseguros y que en muchas ocasiones se sienten abandonados, rechazados, solos. Sin embargo, todo se puede sanar con la voluntad firme de hacerlo, y ésta es la intención de este libro: ofrecerte una herramienta que te permita cultivar una autoestima sana.

El amor propio es reconocer tu valía, poner la atención en tus fortalezas (y no solamente en tus debilidades, juzgándote sin piedad), permitirte brillar y tratarte con respeto. Se trata de aceptarte y amarte tal y como eres, con tus luces y tus sombras, con la intención de mejorar como persona. Eres digno de ser amado por ti mismo y por los demás.

Igualmente, para poder amar del modo más auténtico y verdadero, el primer paso es la autoaceptación, que parte del amor a ti mismo. Desde ahí te permitirás ser tú mismo sin máscaras ni corazas. Una de las cosas más hermosas en una persona es comportarse con naturalidad, sin fingir nada que no seamos, sin absurdas apariencias que provienen del ego y sus «personajes». ¡Qué belleza tiene esa imagen y cuánto te hace brillar! Cuanto más nos queremos y aceptamos, más auténticos somos y más dejamos que brille nuestra luz. Has venido a eso, a emitir luz. Tu potencial es infinito.

Hay tres conceptos que resumen a la perfección el proceso terapéutico del niño interior:

- Nos curaremos de forma natural sólo con que se nos permita afligirnos.
- El amor hacia uno mismo repara el dolor de la infancia.
- Se trata de ser *padres de nosotros mismos*.

Entenderás el significado profundo de estas frases a medida que vayas poniendo en práctica la conexión con tu niño interior.

En los diferentes capítulos del libro abordaré los siguientes temas:

- Las emociones dolorosas, para que aprendas a gestionarlas, así como la importancia de fomentar las emociones positivas.
- Los «personajes» del ego que empleamos para agradar con la expectativa de ser aceptados por los demás.

- Los apegos emocionales y la importancia de poner límites asertivos.
- Las heridas del abandono y el rechazo en la infancia, que proyectamos en la relación de pareja.
- La importancia de sanar la relación con nuestros padres, fundamental en todo proceso de desarrollo personal.
- El perdón y su inmenso potencial de sanación.
- El miedo que tanto puede bloquearnos y tantas veces es nuestra brújula a la hora de tomar decisiones, lo cual es un error.
- La solidaridad, el amor a los demás y la apertura del corazón.

Todo ello siempre acompañado de tu niño interior, por medio de las diferentes formas de conexión con éste.

Se trata de mirar dentro de ti y verte cara a cara con esos pensamientos, emociones y heridas que te atormentan, lo cual puede parecer incómodo —y lo es en algún momento del camino—, pero es tremendamente liberador. Sentirás mucha ternura al conectar con tu niño interior, es decir, ese estado de ánimo en el que se mezclan la dulzura y el amor incondicional y que te hará sentir reconfortado, revitalizado y fortalecido.

Quizá se trate de vibrar con la vida, de sentirla dentro de ti, de permitir que los sueños se apoderen de la realidad, de recuperar la inocencia de ese niño que fuiste y de no perder lo genuino, de no abandonar tu esencia. Al fin y al cabo, de esto trata el amor, la herramienta espiritual más poderosa. Alejémonos de esa dureza racional con la que pensamos todo, hasta aquello que sentimos. Necesitamos conmovernos, mostrar nuestra hermosa vulnerabilidad, quitarnos la coraza, dejarnos de apariencias y permitirnos ser auténticos. Es un camino imprescindible para volver a respirar vida desde el esplendor de tu esencia.

Es hora de elegir aprender a amarte, lo cual no sólo te provocará un gran bienestar emocional, sino que también se reflejará en tu realidad. Tu mayor conciencia de merecimiento atraerá regalos a tu vida que quizá llevaban mucho tiempo deseando entrar pero no podían hacerlo porque se encontraban con una puerta cerrada. Tú mismo cerraste esa puerta inconscientemente por no sentirte merecedor de ella. Ahora es hora de abrirla. Como decía Mario Benedetti, «abrir las puertas, quitar los cerrojos, bajar el puente y cruzar el foso, abandonar las murallas que te protegieron, volver a la vida y aceptar el reto».

1

¿Qué es el niño interior?

El niño interior es un concepto simbólico constituido por los recuerdos, las experiencias y las emociones que permanecen en nuestro inconsciente por todo lo vivido durante la niñez. Este concepto surge de la terapia Gestalt y también lo abordó el psicólogo Carl Jung, quien vio al niño interior como un arquetipo, un aspecto de la personalidad que emerge en determinados momentos de la vida y que representa la parte inocente, sensible y lúdica de cada uno de nosotros.

Todo niño nace en un ambiente emocional y sociocultural concreto y recibe una educación determinada, a la vez que vive unas experiencias particulares. Algunas personas han tenido una infancia más armoniosa y otras han podido experimentar mucho dolor. En todo caso, la gran mayoría han sentido de una forma u otra que en su infancia les faltó amor, afecto, comprensión, apoyo y reconocimiento. No se trata de culpabilizar a los padres: ellos, en la mayoría de los casos, también eran adultos con carencias emocionales que no pudieron cubrir todas las necesidades afectivas del niño porque no tenían ni la capacidad ni las herramientas para ello. Se trata simplemente de reconocer que hubo cosas que viviste en la infancia que pudieron herirte, que estas heridas han podido prolongarse hasta la edad adulta y que, dependiendo de su gravedad, han podido ser más o menos limitantes.

La imagen del niño interior (visualizarte a ti mismo de pequeño) es un símbolo mental que conecta directamente con todas esas emociones dolorosas y reprimidas de la infancia que siguen repitiéndose en la vida adulta: inseguridad, una gran ira, humillación, sentimiento de abandono, rechazo, traición... Y es desde tu parte adulta desde donde le puedes dar a tu niño interior todo aquello que no recibió en la infancia y que sigue necesitando, ya sea protección, comprensión, respeto, caricias, amor o explicaciones. Dáselo generosamente, tal y como harías con un niño real al que quieres. Se trata de ser padres de nosotros mismos y darnos ese amor, ese apoyo, ese reconocimiento, ese afecto o esa comprensión que nos faltaron en la infancia.

Las necesidades primarias tantas veces frustradas de un niño que buscaba amor siguen ahí, pero si continúas tratándote con la misma dureza con que lo hicieron tus padres u otros adultos, no podrás sanar las heridas de tu niño interior, y curar esas carencias afectivas a través del símbolo del niño interior, por mi propio proceso y lo que observo en los diferentes talleres que imparto, resulta mucho más sencillo y es realmente sanador. Con el símbolo del niño interior puedes llenar vacíos de amor, recibir apoyo y nutrirte emocionalmente. Dentro de ese niño interior que habita en ti también residen la alegría, la creatividad, la imaginación y la autenticidad. Sin embargo, la vida adulta puede haberte arrebatado muchos de esos atributos. Para recuperarlos sólo tienes que volver a conectar con esa parte de ti que has desatendido.

Asimismo, el símbolo del niño interior está directamente relacionado con nuestra vida emocional, cuya base se forjó en la infancia durante los seis o siete primeros años de vida. Desde el nacimiento y a lo largo de la infancia, se fragua la estructura de la personalidad, que se reafirma después en la adolescencia. Nuestro niño interior, por lo tanto, contiene los sentimientos, los recuerdos y las vivencias de esa etapa.

El niño viene a este mundo con el corazón abierto, con ese brillo que desprende un bebé y que nos encandila y con una pureza y una inocencia maravillosas. Como decía Edgar Allan Poe, «la infancia conoce el corazón humano». Pero de niños somos muy vulnerables y necesitamos mucho amor, especialmente de nuestros padres, los dos «dioses» del niño que fuimos; ese amor que no encontramos en la mayoría de los casos y que provoca las primeras heridas de abandono y rechazo.

Cuando somos bebés o niños muy pequeños, nuestra preocupación básica es recibir amor, pues sin él podríamos morir. Hay investigaciones que constatan que la falta de amor en el recién nacido puede provocar un retraso en su desarrollo psicológico y una degeneración física tal que lo lleve hasta la muerte, a pesar de tener el alimento y la higiene con los que se supone que su supervivencia está asegurada. Hay, sin duda, una relación positiva directa entre la ternura, el cuidado y el afecto y el desarrollo psicológico, emocional, intelectual y físico.

Asimismo, los momentos dolorosos de la infancia, sobre todo, aquéllos que nos han marcado, se nos quedan impregnados en el corazón, ya que son experiencias que hemos vivido con mucha intensidad. Ese niño que fuimos sigue en nuestro interior y su dolor emocional y los traumas que no ha superado seguirán afectándonos en nuestra vida adulta, porque hay heridas que no se han cerrado. De hecho, a veces nos sucede algo que despierta al niño que fuimos ayer y podemos tener una reacción desproporcionada.

Te lo explico con un ejemplo: de repente, aparece una persona muy autoritaria en nuestra realidad y no somos capaces de marcar unos límites sanos; nos sentimos paralizados o incluso asustados ante esa persona y su autoritarismo. Quizá, inconscientemente, esa persona de nuestra realidad presente nos recuerda a nuestro padre, autoritario y brusco, y nos sentimos igual como cuando éramos niños, es decir, vemos en esa persona a ese padre autoritario, no al ser humano real. También podríamos reaccionar de una forma excesivamente agresiva ante cualquier persona autoritaria. En todo caso, no es un comportamiento natural: es como si volviésemos a ser niños pequeños temerosos y sumisos ante la autoridad extrema de papá o como si nos rebeláramos de forma violenta expresando una rabia reprimida hacia el padre. El escenario y los personajes ya no son los mismos, pero la herida emocional sigue abierta y reaccionamos de forma desproporcionada ante algo que es trivial. Nuestro niño interior herido ha tomado el control.

Este niño interior herido puede autosabotearnos de diferentes maneras. Puede empujarnos a comportamientos autodestructivos, volvernos extremadamente dependientes por el miedo al abandono, generar reacciones emocionales desproporcionadas...

Otro punto que hay que tener en cuenta para entender lo valioso del proceso terapéutico con nuestro niño interior es que el subconsciente no distingue entre imaginado o real, pasado, presente o futuro. Cada vez que una persona se visualiza a sí misma de pequeña y se da amor, afecto, reconocimiento y comprensión es como si en su infancia hubiera tenido el apoyo amoroso e incondicional de un adulto que se ocupara de cubrir sus necesidades afectivas. Esa imagen simbólica del niño interior está conectada con la emoción. Por lo tanto, si estás alegre y conectas con tu niño interior visualizándote de pequeño, verás a un niño alegre. Si sientes tristeza, verás a un niño triste.

Ahora imaginemos que estás visualizando a tu niño interior y lo ves triste y solo. Si te visualizas a ti mismo dando un abrazo a ese niño y le brindas consuelo y compañía, con ese gesto de afecto transformarás esa imagen que estaba conectada con la tristeza. Al cambiar la imagen, también se modificará la emoción. Un simple abrazo tiene un enorme poder tranquilizador, ya que calma al niño asustado que vive en ti.

El niño interior también es tu parte más sensible y vulnerable, que en ocasiones ha pedido amor a las personas equivocadas y se ha sentido ignorado, rechazado y lastimado. Ahora tú te haces cargo de ese niño interior llenándolo de amor. Desde las carencias de la infancia, vamos buscando relaciones para ser amados, no tanto para amar, y el camino correcto es el contrario: hazte cargo de ti y resuelve las heridas pendientes de la infancia, sin esperar que otra persona llene esos vacíos. Ámate a ti mismo, ama a los demás —amar no es sumisión, tampoco intento de agradar ni de recibir algo a cambio— y acepta el amor de los demás con agradecimiento.

Pero ¿qué es el amor propio? El amor es libertad. Si te das libertad, te estarás dando amor. Cuanto más amor te des, más amor desearás dar a los demás; serás amor en estado puro. Ser tú mismo es ser lo que piensas y hacer lo que realmente quieres hacer, sin dudas ni miedos. Esto es libertad, esto es amarse a uno mismo.

Sin embargo, tú eres tu juez más severo. Te pones reglas y prohibiciones basándote en lo que llaman ética y moral y siguiendo las reglas que otros crearon para ti. Cuestiona todo aquello que te robe la libertad. Esto no es anarquía: la libertad jamás daña a otros. Nunca tengas intención de dañar a nadie, pero que el otro no entienda o no quiera entender es asunto suyo. Si, por ejemplo, decides poner límites asertivos a una persona y ésta se enfada y se muestra indignada, se trata de una emoción de la cual tú no eres responsable, porque no hay ningún agravio real por tu parte.

Amas al otro cuando tú eres amor. Cuanto más amor te des a ti, más amor tendrás para compartir con los demás, pero no puedes dar lo que no tienes.

Para dar amor a tu niño interior, has de imaginar que es un niño real, teniendo en cuenta las mismas claves que te permitirían dar el regalo más valioso para un niño, que es la autoestima:

1. Los niños necesitan que los escuchen con atención. Es muy importante escuchar atentamente a nuestro niño interior como si fuese un niño real, sin juicio, con respeto, sabiendo que tiene buenas razones para sentirse como se siente, y ayudarlo a gestionar el dolor emocional.
2. Los niños, para sentirse protegidos, cuidados y queridos necesitan que se les dedique tiempo, es decir, debemos reservarles un tiempo diario o semanal.

   Es muy importante mantener el contacto, puesto que le aportará confianza y le hará sentirse seguro y amado. Se trata de no olvidar a tu niño interior, no abandonarlo y convertirlo en algo prioritario para ti.
3. Son importantes las muestras de afecto (por ejemplo, los abrazos) y también dirigirse a él con palabras de cariño, brindarle tu reconocimiento. A lo largo de esta travesía con tu niño interior, verás que, como ocurre con cualquier niño, también puede ser necesario establecer límites en algún momento.
4. Cuando visualizamos al niño interior, podemos encontrarnos con distintos niños de diferentes edades, tantos como experiencias dolorosas se hayan quedado bloqueadas en las diversas etapas de la infancia. O quizá cuando visualices a tu niño interior siempre lo percibas de la misma edad, hasta que un día eso cambie. No analices demasiado y déjate llevar.

Para hacer este trabajo de autosanación que te propongo, basta con una imagen de tu niño interior, independientemente de su edad. No obstante, además de visualizar al niño interior, veremos otras formas de contacto, como el diálogo escrito.

Vuelvo a destacar la importancia de la paciencia: ve poco a poco y enamorándote del proceso que supone comenzar a sanar a ese niño interior herido y, por tanto, empezar a conectar con el amor propio. La paciencia, la perseverancia y la compasión hacia tu niño interior y hacia ti como adulto son algunas de las claves que iré recordándote.

Cuando hablo de autocompasión me refiero a experimentar sentimientos de cariño y de bondad hacia uno mismo, tomando una actitud de comprensión con nuestros errores y nuestras debilidades. La compasión con uno mismo nace de la comprensión y, para comprenderte, has de conocerte bien. Este recorrido tanto por tu infancia como por tu vida adulta te ayudará a conocerte de una forma más profunda, porque podrás tomar consciencia del origen de muchos de tus rasgos de comportamiento y tus actitudes, lo cual te llevará a ser más compasivo contigo mismo.

De hecho, cuando se practica la compasión hacia uno mismo y hacia los demás, se activa el sistema de calma y confort, de manera que nuestro cerebro genera oxitocina y endorfinas, que provocan un sentimiento de paz interior. La intención es la fuerza creadora más grande que existe, así que concéntrate firmemente en ser un adulto amoroso para tu niño interior y para los demás, persevera en ello y el camino se irá abriendo.

La clave es repetirse lo siguiente: «Elijo ser un adulto amoroso conmigo y con los demás». El amor por ti y por quien eres, con tus luces y tus sombras, moverá hasta la montaña más alta. Ten fe y seguridad en ti mismo y la barrera tras la que ahora te escondes por miedo al juicio externo y propio caerá.

2

Habla el niño interior herido

El primer paso para la sanación es la absoluta sinceridad con uno mismo.

Voy a pedirte que leas las palabras que expongo a continuación, pronunciadas por el niño interior herido de algunas personas adultas. No importa si todavía no entiendes con claridad el concepto de niño interior y su relación con la autoestima: las posibles dudas se irán disipando con la lectura de estas páginas y la experiencia de conexión con tu niño interior. Basta con que entiendas que estas personas están traduciendo sus emociones dolorosas en palabras.

Simplemente quiero que sientas —no pienses, sólo siente— si te identificas con algo de lo que expresa el niño interior herido de estos adultos.

A continuación, habla la niña herida de Virginia sobre su relación de pareja:

> Ahora que eres mi pareja, lo que más necesitaba en mi vida, tú te encargarás de sanar mis heridas; yo seré cuidadora y tú dependiente emocional, o viceversa. Como no sé darme amor a mí misma ni tú a ti mismo, lo haremos así. Si me siento abandonada o rechazada, no pensaré si realmente hay motivos para juzgar una acción tuya como ofensiva, no me haré cargo

de mis heridas de abandono y rechazo y proyectaré mi dolor en ti. Quizá lo que haga si me siento abandonada será ser yo quien después te rechace, para que puedas sentir el dolor que tú me has producido antes. Tampoco te expresaré mis necesidades: doy por hecho que las tienes que adivinar y, si no lo haces, me enfadaré. Tendré mucho miedo de que te vayas y sentiré un gran apego (dependencia) por ti, porque ¿quién me dará amor entonces? Yo no sé darme amor, nadie me enseñó; más bien aprendí a buscarlo fuera.

Ahora habla el niño interior herido de Víctor:

Tenemos que ser perfectos, hacerlo todo de diez, como decía papá. De lo contrario, somos unos perdedores y unos mediocres. Estoy cansado, muy cansado, pero he de seguir esforzándome. No quiero ser un mediocre y, además, las personas admiran nuestro éxito. Eso me hace sentir importante. Tengo miedo de perder la admiración de los demás si cometo un error y de que vean la realidad: que no valgo tanto como creen. Hay que seguir esforzándose, ser el mejor. Aunque estoy cansado, muy cansado, y me pongo muy nervioso y tengo ansiedad si cometo un error, echo de menos divertirme más, descansar, pero no tengo tiempo: tengo que seguir esforzándome para ser el mejor.

A continuación, habla la niña interior herida de Alicia:

Estoy cansada de cuidar a todo el mundo, pero tengo que seguir haciendo favores aunque no quiera, porque es lo que les gusta a las personas de mi entorno: que siempre esté disponible. Me dicen que soy buena y eso me gusta, me siento querida. Si digo que no, me siento culpable. Me he sentido muy sola toda mi vida y, si no hago favores constantemente, los demás dejarán de quererme y no lo podría soportar: me volvería a sentir ignorada como cuando era pequeña. Además, mamá me decía cosas bonitas cuando la ayudaba y cuidaba a todos mis hermanos, aunque yo lo que quería era jugar.

Ahora se expresa el niño interior herido de Marcos:

Sólo de pensar en escribir ese libro siento mucho miedo. ¿Y si lo hago mal? ¿Quién soy yo para ser un escritor de éxito? Temo mucho al fracaso, a sentirme insignificante, a que los demás vean que he fallado, a que me juzguen... Sólo de pensar en comenzar a escribir el libro se me tensa el cuerpo y me duele el estómago. No, yo no estoy a la altura, tengo demasiados sueños en la cabeza. Es mejor que sea realista. Dejaré de tener fantasías absurdas. Escribir un libro debe de ser muy bonito, siempre ha sido mi sueño. Cuando voy a las librerías, imagino que está en las estanterías, que firmo ejemplares y que ese libro da un poquito de felicidad a las personas. Pero todo es absurdo: no estoy preparado todavía. Quizá lo esté algún día, no lo sé. Hay personas que me dicen que escribo bien, pero lo hacen porque me quieren. Últimamente no tengo mucha ilusión por nada, me cuesta levantarme por las mañanas. Todo es tan monótono... Ese libro me haría sentir ilusión, pero es algo irreal, es hora de dejar atrás los sueños absurdos.

A continuación, habla la niña herida de Margarita:

Me siento tonta y poca cosa cuando me trago las palabras que le diría a más de uno cuando me tratan faltándome al respeto. A veces hasta me gritan como lo hacía papá y me siento humillada, pero no quiero generar un conflicto: me dan miedo las discusiones, los gritos... Me recuerdan a cuando era pequeña y mamá y papá se peleaban. Yo quiero llevarme bien con todo el mundo, quiero gustar, quiero que me quieran. Los demás me ven como una buena persona, tranquila y pacífica, y, cuando una vez puse límites, se enfadaron conmigo. Me duele mucho la garganta...

¿Te sientes identificado con alguna de las emociones dolorosas que Virginia, Víctor, Alicia, Marcos y Margarita expresan? Lo que ponen de manifiesto es apego emocional, autoexigencia desmesurada, anteponer siempre el bienestar emocional de los demás al nuestro, miedo al fracaso y temor a establecer límites, aunque sean necesarios para hacerse respetar. Todos ellos son sentimientos, comportamientos y actitudes muy frecuentes, así que si te has sentido identificado con alguna de estas historias, no te inquietes, de hecho, es un avance, porque el primer paso para alcanzar la sanación es ser absolutamente sincero con uno mismo. Como decía Sigmund Freud, «ser completamente honesto con uno mismo es un buen ejercicio».

Todo puede sanarse si existe una voluntad firme de hacerlo. La fuerza de voluntad y la perseverancia te llevarán más lejos que la inteligencia. Te darás cuenta de que tu niño interior está sanando cuando te sientas mejor contigo mismo, percibas una mayor alegría, redescubras la espontaneidad, te trates de forma amable y respetuosa, conectes con tus deseos más genuinos, escuches tus necesidades y tengas más coraje para iniciar el camino hacia tus sueños e ilusiones.

Ha llegado el momento de crear una nueva y mejor versión de ti mismo y renacer en el fuego del amor propio cual ave fénix.

3

Niño-adulto-yo superior

El niño interior se compone de dos partes. Por un lado, tenemos al **niño interior sano** o **«yo esencial»**. Éste es tu niño interior sano, puro, sin heridas; es tu esencia, tu forma de ser genuina, tu autenticidad, tu creatividad, tu espontaneidad, tu alegría, tu curiosidad. Es capaz de expresar libremente lo que siente: alegría, sorpresa, tristeza o enfado, pero siempre de forma asertiva.

Por otro lado, está el **niño interior herido** o **«yo herido»**. Es esa parte herida del niño que fuiste, que se ha sentido abandonada, rechazada y humillada, que se relaciona con el ego; es la máscara social, el personaje que, ya en su infancia, empezó a adoptar para agradar a los demás. Es eso de ti que siente que no vale lo suficiente, que es inadecuado, que no es digno de amor y que tiene mucho miedo al abandono y a perder la aprobación de los demás. Esta parte de nosotros puede llevarnos a actuar de forma inmadura, infantil y agresiva y a dejarnos controlar por la rabia, el miedo, la frustración, los celos...

Adulto amoroso

Nuestro niño interior tiene unas emociones completas e intensas, de alegría, felicidad o tristeza. Es nuestro hemisferio derecho, es el sentir. Por el contrario, el hemisferio izquierdo se asocia con el adulto, ése que piensa y actúa.

Es tu adulto amoroso la parte que ha sentido el impulso de mirar dentro de sí mismo con coraje, porque sabe que hay un niño herido en su interior que atender, querer, cuidar y sanar. Es ese adulto dispuesto a sentir sus emociones dolorosas, a ponerse en el lugar del niño que fue y a entender que hubo cosas que pudieron lastimarlo. Ése que escucha a ese niño y que lleva a cabo las acciones adecuadas para su mayor bien, porque, sin acción, no hay transformación. Ese adulto que es amoroso consigo mismo y con los demás.

Recuerda que cuidar a tu niño interior es como cuidar a un niño real. Amor, respeto, escucha sincera, reconocimiento, comprensión, afecto y límites en algunos momentos es lo que necesita un niño real. Tu niño interior necesita lo mismo.

El niño y el adulto unidos son el tándem perfecto, porque sin el adulto el niño interior haría cosas inadecuadas y al adulto sin el niño le faltaría espontaneidad, sensibilidad y creatividad. Cuando la parte racional y la emocional se unen se alcanza la armonía interior. Cuando aprendemos a amar a nuestro niño interior, el miedo, el dolor y la soledad del niño herido se curan y podemos experimentar la alegría, la creatividad y la pasión del yo esencial. Se trata de «repaternalizar» a nuestro niño interior construyendo, poco a poco, a ese adulto amoroso.

En los primeros contactos con el niño interior, algunas personas manifiestan dificultades para sintonizar con él. Veamos unos ejemplos de esos primeros escollos en el camino y lo que pueden simbolizar:

- El adulto no consigue ver al niño. Esto suele ocurrir porque vive muy alejado de sus emociones y las teme. Si tiene poca capacidad de visualización, puede sentirlo u oírlo o utilizar otras herramientas, como el diálogo escrito.
- El adulto ve al niño inanimado, como en una foto o como si fuese una estatua. En este caso, el adulto puede tener miedo a sentirse vivo y a tener que tomar actitudes que teme.
- El adulto se siente incapaz de darle al niño lo que necesita.

Si tienes hijos, sabrás que a ser padre o madre se aprende, que no existen los progenitores perfectos y que, en realidad, es un aprendizaje de por vida, sustentado por el amor que se les profesa. Con tu niño interior ocurre lo mismo: recordemos que se trata de ser padres de nosotros mismos. A medida que vayas practicando la conexión con tu niño interior, estos posibles obstáculos se irán solventando y tendrás más capacidad de ir sanando el vacío emocional.

El «yo superior»

Para abordar el concepto de «yo superior», voy a explicar brevemente la técnica de **Ho'oponopono**, temática que abordo en mis tres libros anteriores y que te sugiero que comiences a practicar, puesto que supondrá una inestimable ayuda en tu camino.

Ho'oponopono es una técnica ancestral hawaiana de resolución de problemas. Consiste en repetir una serie de palabras como si fueran un mantra. «Gracias, te amo, lo siento, perdóname» son las más conocidas, aunque hay muchas otras.

Ho'oponopono encierra una filosofía muy profunda. Morrnah Simeona, una sanadora hawaiana, fue la persona que adaptó la técnica ancestral de Ho'oponopono a los tiempos modernos en 1976, creando el método oficial de la Identidad Propia.

Uno de los puntos claves de Ho'oponopono es la responsabilidad al cien por cien: «Yo lo he creado, yo lo puedo cambiar». Tú lo atraes todo a tu vida, creas tu realidad, eres cien por cien responsable de todo lo que te sucede en la vida, lo que te gusta y lo que te disgusta. Tú y sólo tú lo has creado.

La consciencia humana es creadora y capaz de transformar la materia, pero esta creación sucede de forma inconsciente. Nuestra mente está formada por dos partes: la mente consciente y la subconsciente. La mente consciente procesa sólo el 5 por ciento de la información. La mente subconsciente, el 95 por ciento. Quien realmente tiene el poder para crear es el subconsciente, millones de veces más poderoso. Utilizamos el subconsciente el 95 por ciento del tiempo, pero no lo podemos controlar, sólo reprogramar.

Tu mente subconsciente procesa unos sesenta mil pensamientos diarios. Con tus pensamientos, muchos de ellos inconscientes, creas tu realidad. Pero hay otros conceptos clave a la hora de crear tu realidad: las creencias limitantes y las memorias ancestrales dolorosas (inconsciente familiar) e incluso las memorias dolorosas de otras vidas.

Veamos a qué me refiero cuando utilizo el término *creencias limitantes*. Todo es una ilusión, es decir, todo son interpretaciones que la mente hace de las cosas y estas interpretaciones afectarán a la experiencia de forma segura. ¿Crees que la vida es maravillosa? Así será para ti. ¿Crees que la vida es sufrimiento? Así será para ti, puesto que atraerás a las personas y las circunstancias que reafirmarán esas creencias. En el primer caso, vivirás una vida fabulosa. En el otro supuesto, atraerás todo tipo de situaciones tortuosas a tu realidad. Tú eres el rey de tu universo y tú pones las normas; tus creencias están creando tu realidad.

Durante los siete primeros años de nuestra vida, captamos la mayoría de las creencias; algunas positivas, muchas limitantes. La mayor parte de ellas proceden de nuestros padres y casi nunca las hemos cuestionado. El niño aprende por imitación y de alguien toma sus referencias, especialmente, de sus padres.

En la infancia somos, literalmente, como esponjas: absorbemos toda la información externa, sin poder cuestionarnos si lo que nos dicen es cierto o no lo es. Para el niño, todo es información que queda grabada en el inconsciente. Además, el niño es ingenuo por naturaleza y, por lo tanto, se lo cree todo. Las creencias de nuestro entorno, sobre todo las de nuestros padres, se convierten en el fundamento de lo que consideramos verdadero o falso.

A continuación, te dejo unos ejemplos de creencias limitantes:

- «Todo no se puede tener.»
- «El dinero es malo.»
- «La felicidad no dura.»

Siendo nuestra vida el reflejo de lo que creemos, para transformar esta realidad es necesario cambiar las creencias que la han creado. Asimismo, cuando abordo el concepto de inconsciente familiar, me refiero a que en la memoria de nuestras células se escribe el programa completo de nuestra existencia, pero esta información incluye datos físicos, mentales, espirituales y emocionales, no sólo de nuestra experiencia de vida. Muchas de nuestras memorias dolorosas tienen que ver con nuestros ancestros: igual que heredamos el color de pelo, los ojos, la altura..., podemos heredar creencias limitantes, bloqueos y traumas.

Como explica la epigenética, los genes no son inamovibles como se creía hasta ahora. Las influencias del medio ambiente, entre las que se incluyen el estrés y las emociones, pueden modificar los genes sin cambiar la secuencia básica del ADN, y estos cambios pueden pasar a las nuevas generaciones. Es decir, las vivencias y los hechos felices, pero también los traumáticos, se transmiten de generación en generación. Venimos con la información de nuestros ancestros, por lo que es fundamental desatar los nudos con el pasado y vivir nuestra propia vida, no la que nos marca la información de nuestro árbol genealógico.

Voy a ilustrarlo con un pequeño ejemplo. Pongamos el caso de Verónica, que desea tener descendencia pero no lo consigue tras muchos intentos, después de haber descartado cualquier problema de salud. Observa que, curiosamente, en su familia materna ninguno de sus hermanos o primos ha tenido hijos. Indagando en la línea materna de su árbol genealógico, Verónica descubre que cuando su bisabuela dio a luz a uno de sus hijos, en el momento del parto, su bisabuelo murió. Pasado un tiempo, su bisabuela volvió a casarse y se quedó embarazada y la que murió tras alumbrar al bebé fue ella. La concepción se unió a la muerte y, de alguna forma, se «prohibió» como forma de protección mal entendida, en esa generación de la que formaba parte Verónica. Al desentrañar y sanar el drama que había tras la infertilidad, no sólo Verónica pudo tener hijos, sino también otros familiares suyos.

Creencias limitantes, memorias dolorosas del árbol genealógico, pensamientos negativos recurrentes, emociones dolorosas enquistadas...; con toda esta «programación negativa» del inconsciente, es complicado crear una realidad feliz y manifestar nuestra esencia real.

Pero no hay razón para preocuparse, porque, cada vez que practiques Ho'oponopono, estarás eliminando programación negativa de tu mente subconsciente y, cuando tú cambias por dentro, tu realidad externa también cambia.

Si hay obstáculos, éstos se encuentran en tu interior. Por lo tanto, sólo tú puedes hacer algo respecto a ellos. Cada ser humano cuenta con dos fuerzas antagónicas en su interior: una es el falso yo, más conocido como ego o personalidad, que está relacionado con la insatisfacción, la culpa y el miedo. Es esa vocecita que oyes en la mente, ese diálogo interno que te puede decir mentiras varias del tipo «No puedes, no vales, eres un fracasado, eres malo, ¿a ti quién te va a querer?».

Asimismo, hay una parte del ego que es adaptativa y necesaria y que se asocia con el concepto de identidad. La otra parte que vive en nosotros, y que es preciso desarrollar, es el verdadero yo, nuestra auténtica esencia, y está conectada con la sabiduría, la consciencia, el bienestar y el amor incondicional.

Aunque vivamos en un plano humano, somos divinidad pura. Cuando hablo de divinidad, no hago alusión a ningún tipo de religión. Sin embargo, en esta dimensión terrenal, tenemos un ego que quiere que veamos el mundo a través de la culpa, el miedo, el resentimiento, el orgullo, el victimismo... Esto crea un conflicto interno que se refleja en la pantalla de nuestra vida en forma de desarmonía. Cuando empezamos a vivir desde nuestro yo verdadero, a aquietar la mente, alejándonos del ego y de sus pensamientos negativos, dejando de vivir enclaustrados en la preocupación constante por lo que pueda pasar o arrepintiéndonos de lo que ya pasó, comenzamos a sentir una mayor paz interior, que es el objetivo de Ho'oponopono, y, entonces, todo lo vemos, las señales y las sincronicidades, y escuchamos nuestra voz interior. Desde ese lugar podemos vivir las coincidencias divinas o, dicho de otra forma, los milagros, porque la suerte no existe y la casualidad tampoco.

El objetivo de Ho'oponopono es sentir paz interna. Como decía Morrnah Simeona, «estamos aquí para traer paz a nuestra vida y, si la traemos a nuestra vida, todo a nuestro alrededor encuentra su ritmo, su lugar y su paz».

Como explicaba, cada vez que practicas Ho'oponopono, estás borrando programación negativa de tu mente subconsciente. Cuando en tu interior haya más orden, armonía, belleza y paz, esto se manifestará en las nuevas circunstancias, mucho más positivas, que empezarás a atraer, en tu forma de pensar, de sentir y de actuar y en las personas que entrarán en tu realidad.

Al practicar Ho'oponopono, se siente esa paz interna, porque, cada vez que repites cualesquiera de las palabras de la técnica, estás aquietando la mente, estás acallando esa voz que habla sin cesar: el ego. También estás deteniendo ese diálogo interno negativo que te hace sufrir. Los pensamientos, las emociones y los sentimientos de amor y gratitud emiten frecuencias de alta vibración que afectan de manera positiva nuestro entorno, atrayendo experiencias gratificantes. Sin embargo, el miedo, el odio y la tristeza emiten vibraciones bajas que atraen la desarmonía.

Un importante experimento que se llevó a cabo hace unos años demostró que los pensamientos, negativos o positivos, afectan la estructura de los átomos del agua. Masaru Emoto, autor de *Los mensajes ocultos del agua*, realizó diversas pruebas. A unas personas se les pedía que tuvieran pensamientos negativos o que repitieran palabras como «odio» mientras observaban un recipiente lleno de agua; después, al analizar el agua en el laboratorio, se veía que la forma del átomo estaba deteriorada y era caótica. En cambio, en las personas que pensaban positivamente o que repetían mentalmente palabras de alta vibración como «gracias», posteriormente, en el laboratorio, se constató que la forma del átomo del agua tenía una estructura bella y armoniosa.

Debemos tener en cuenta que el cuerpo humano está formado por agua aproximadamente en un 65 por ciento. Si nuestros pensamientos son negativos, estaremos contaminando la mayor parte del cuerpo, lo que supone enfermedades, más pesimismo... Creemos que los pensamientos son sólo eso, pensamientos, pero éstos tienen una frecuencia vibratoria.

Ho'oponopono consiste en repetir una serie de palabras como si fueran un mantra. Esto equilibra la mente y calma las emociones. Los mantras son capaces de llevarnos hasta un estado sutil de consciencia lleno de sabiduría interior y poseedor de todas las respuestas. Ése es nuestro verdadero refugio: es nuestro estado de calma y paz verdaderas.

El cerebro es maleable y, con la meditación, pueden crearse en él nuevas conexiones neuronales que nos produzcan un mayor bienestar mental y emocional y Ho'oponopono es una forma de meditación.

En muchas ocasiones, hay personas que me comentan en los cursos que imparto que antes de practicar Ho'oponopono sus pensamientos más frecuentes eran de rabia, victimismo... y que, después de practicar Ho'oponopono con constancia, ese hábito mental empezó a cambiar, de modo que practícalo y cambia la vibración de tus pensamientos.

El universo se encuentra en un estado vibratorio. Aunque nuestros ojos no lo perciban, todos los reinos vibran y toda la materia está en continuo movimiento. Cada ser humano también vibra en una frecuencia determinada. Se trata de aumentar nuestra vibración para progresar con consciencia y que nuestra energía de amor pueda manifestarse y vivir desde el ser y no desde el ego. Ésta es una de las claves para vivir con armonía en esta dimensión: elevar nuestra frecuencia vibratoria, abandonando las bajas frecuencias, donde se manifiestan los desequilibrios, el miedo y la culpa, donde damos poder al ego. Quien ha de tomar el mando en nuestra vida es nuestro yo superior, respirando una libertad, una luz interna, una paz interior, que no está condicionada por nada ni nadie, que simplemente es.

Veamos a continuación algunas claves a la hora de practicar Ho'oponopono. Sólo has de repetir mentalmente, en cualquier momento del día, cualquiera de las palabras incluidas en esta herramienta ancestral hawaiana de resolución de problemas. Pueden ser la palabra o las palabras que más te gusten o que mejor te hagan sentir; una, dos, tres palabras, como tú quieras.

Recuerda: «gracias», «te amo», «lo siento» y «por favor, perdóname» son las cuatro expresiones principales de la técnica de Ho'oponopono. También se usan otras como «llovizna», «hielo azul», «fuente perfecta», «papel para moscas», «gotas de rocío», «llave de la luz», «yo soy el yo», «la paz del yo», «índigo» o «verde esmeralda».

Puedes estar haciendo actividades cotidianas como asearte, cocinar, pasear, esperar a que te atiendan en una tienda y practicar Ho'oponopono a la vez, o, por supuesto, también en momentos de relajación o meditación. Se trata de aprovechar todos los instantes posibles en nuestro día a día para volver a nuestro centro, a nuestra quietud. Cuando nos detenemos y llevamos nuestra atención al presente, muchas veces nos damos cuenta de que aquello que tanto nos preocupa no es tan grave.

Es perfectamente normal que se mezclen pensamientos con la repetición de los mantras de Ho'oponopono, puesto que la mente nunca se detiene. Con la práctica continuada, te será más fácil tener la mente más calmada y en quietud.

Tampoco has de forzar ninguna emoción positiva al practicar Ho'oponopono. En muchos momentos de tu práctica puedes sentir bienestar, amor..., básicamente porque te serenas, te alejas de la negatividad mental, de la angustia y de la preocupación y te asientas en el aquí y ahora. Si es así, recoge esa emoción positiva y disfrútala, pero no la fuerces conscientemente.

De hecho, en muchas ocasiones, practicamos Ho'oponopono estando preocupados o asustados, hasta que con la misma práctica, que es una forma de meditación, vamos equilibrando mente y emoción.

Es importante practicar Ho'oponopono con constancia y regularidad. Quizá un día le dediques tres horas, otro día cinco, otro día siete...; lo importante es perseverar en tu intención de dejar de vivir en un estado de sufrimiento mental constante. Cuanto más se convierta en hábito la meditación con los mantras de Ho'oponopono, más memorias dolorosas borrarás del inconsciente, más cambiarás tu punto de atracción y, por tanto, más transformaciones positivas verás proyectadas en tu vida, además de alejarte del ego y del sufrimiento y vivir desde tu yo superior, lo que te traerá nuevas maneras de percibir y de ser.

Recordemos que Ho'oponopono es una técnica de resolución de problemas, así que, si la practicas de forma constante, la solución al problema llegará, pero siempre en el momento oportuno y de la forma mejor para ti. En muchas ocasiones, las soluciones se presentan de la manera más sorprendente e inesperada.

Apegarse en exceso a un resultado concreto es mostrar que no confías en tu mayor fuerza: tu esencia divina, tu energía de amor. Déjalo en sus manos. Muchas veces nuestra mente-ego y sus expectativas sobre cómo deben ser las cosas nos apartan de vivir experiencias extraordinarias. Es hora de abrir la puerta a esas vivencias fantásticas... Si tu mente-ego protesta —le gusta tenerlo todo perfectamente controlado—, recuerda «Gracias, te amo. Gracias, te amo», o cualquiera de los mantras de Ho'oponopono.

Para poder experimentar, hay que caminar. El agua que corre nunca se estanca, de modo que nunca, en ninguna circunstancia, dejes de fluir y de abrirte a lo sorprendente y a lo mágico.

Te propongo que practiques una de mis meditaciones guiadas de Ho'oponopono para integrar la experiencia con más facilidad. Están disponibles de forma gratuita en mi web (<www.mariajosecabanillas.com>). Ve a la sección «Visualizaciones» y encontrarás la meditación: «Meditación Ho'oponopono: armonizar situaciones y relaciones».

No importa si no comprendes la técnica de Ho'oponopono a un nivel profundo. Ve practicando sin expectativas, como si fuese un juego, con la inocencia y la curiosidad de un niño, y saca tus propias conclusiones.

Volviendo al tema central de este libro, ese yo superior es lo que realmente somos, esa parte dentro de nosotros de gran sabiduría y que conoce la verdad, que no es lo que nos cuenta el ego, que nos dice muchas mentiras. Cuanto más te creas lo que te dice el ego, más difícil te resultará actuar: te congelarás y te estancarás.

Podemos conectarnos con nuestro yo superior, con nuestra esencia divina, para obtener respuestas. De hecho, lo harás en este camino que emprendes junto a tu niño interior, porque tu yo superior te hablará a través del diálogo escrito y te dirá la verdad.

Estamos siempre escuchando y creyéndonos la voz del ego; es hora de escuchar la voz de tu ser (el yo superior).

> Mientras continúes creyendo que únicamente tu mente, tu intelecto, sabe en todo momento lo que está haciendo, estarás actuando desde la intención de controlar y no serás capaz de acceder a tu conexión con tu Guía interno, la senda espiritual. Cuando comienzas a ignorar el parloteo de tu mente y te abres a aprender y recibir la sabiduría que se halla en tu ser esencial, descubrirás lo fácil que es acceder al amor y a la verdad para que te guíen hacia tu bien más elevado.
>
> MARGARET PAUL, doctora en psicología
> y coautora de *Cura tu soledad*

EJERCICIO

Ya que anteriormente hemos hablado del adulto amoroso, te planteo una pregunta: ¿qué características deberían tener para ti unos padres «perfectos»?

Cierra los ojos, conecta con el corazón y siéntelo unos instantes. Después, escribe lo que hayas sentido. Al terminar, revisa esos atributos de «padres perfectos anhelados» y sé consciente de que ése es el adulto amoroso que necesita tu niño interior. No has elegido esas cualidades por casualidad: es lo que a ti te faltó de pequeño.

Te pongo un ejemplo: unos padres cariñosos, pacientes, comprensivos, presentes, que te escuchaban, jugaban contigo, te hablaban con respeto... O, por el contrario, imagínate que tus padres te exigían de una forma desmesurada. Para ti, unos padres «perfectos» estarán asociados a una menor exigencia y una mayor comprensión. Ya tienes la información: tu niño interior puede necesitar menos exigencia por tu parte. Nos tratamos como nos han tratado y, si en tu infancia te acostumbraste a intentar ser perfecto para agradar a tus padres, ahora puede que sigas comportándote de la misma forma, bajo el yugo de la autoexigencia, y vivas en un estado de estrés constante. Es la información grabada en tu inconsciente desde la más tierna infancia, que tiende a repetirse.

4

Contactando con tu niño interior

> Aquí estoy. Nunca me fui. Antes de ti, no era.
> Después de ti... sólo nos queda el somos.
>
> Ángela Becerra, escritora

Veamos ahora algunas formas de empezar a contactar con tu niño interior, para que tú mismo puedas experimentar el consuelo y la paz interna que te aportará esta conexión.

Fotografía

Una buena forma de comunicarte con tu niño interior es una fotografía. Busca una fotografía tuya de cuando eras niño, no importa la edad que tengas. Debe ser una imagen en la que sólo estés tú. De esta forma, te volverás a familiarizar con ese niño que fuiste y los recuerdos de la infancia, poco a poco, irán surgiendo.

Observa la fotografía con calma y siente qué sensaciones te transmite: ¿ves a un niño desgraciado?, ¿ves a un niño feliz? Veas lo que veas, comunícate con él. Ésta es la magia del trabajo con tu niño interior: ahora puedes dedicarle las palabras que siempre anhelaste oír a ese niño, con lo que repararás y aliviarás muchas heridas y tristezas.

Dedícale frases de reafirmación, aprobación y amor incondicional como las siguientes: «Bienvenido a este mundo, estoy muy feliz de que hayas nacido. Has llegado en el momento justo». Estas palabras resultan realmente sanadoras, porque en ocasiones un niño no es bienvenido, no es deseado, y esa emoción de rechazo se queda grabada en el inconsciente del niño y llega a condicionar al adulto, que conecta con demasiada facilidad con una sensación de rechazo, con esa herida que aún no se ha curado y que se sigue abriendo de forma inconsciente.

«Es perfecto que seas niño o que seas niña.» Quizá tus padres querían un varón y eres mujer o viceversa, lo cual también ha podido crear cierto sentimiento de rechazo por ser quien eres. El niño no se siente amado por lo que es y por cómo es.

«Quiero cuidar de ti y estoy preparado para ello, cuenta conmigo.» Tu niño interior ha de saber que puede contar contigo para no sentirse solo y desatendido. En muchas ocasiones, durante la infancia, un niño puede sentirse solo y abandonado, no sentirse apoyado ni querido o no tener en quién confiar realmente.

«Hemos crecido, el tiempo ha pasado, los personajes son otros y ya no eres un ser indefenso: yo estoy contigo.» Ya no eres un niñito asustado. La infancia ya pasó y ahora eres un adulto con recursos de sobra para cuidar de ti mismo y poner límites sanos cuando sea necesario y tu niño interior ha de saberlo.

«No eres culpable de nada de lo que sucedió en la infancia.» Si de pequeño no recibiste el amor que necesitabas, es posible que llegases a la conclusión de que era culpa tuya que no te quisieran, en lugar de aceptar la incapacidad de tus padres y otras figuras relevantes en tu infancia para amarte. Desculpabilizar a tu niño interior es de vital importancia.

«Tienes derecho a sentirte triste o enfurecido... Te respeto y quiero ayudarte a sanar tu dolor.» Parece que no podemos sentirnos enfadados, tristes o asustados y que deberíamos mostrar al mundo en todo momento nuestra mejor sonrisa, por lo que es muy habitual oír frases como «No estés triste», «Mantente siempre positivo», «No es para tanto», «No llores».

No se trata de regodearse en el dolor, pero lo que sería disfuncional sería reprimir las emociones dolorosas y ni siquiera darse el permiso de sentirlas. Lo que ocurre es que a muchas personas les asusta su propio dolor, quieren evadirse de él, así que cualquier expresión de dolor que les recuerde el suyo propio les puede incomodar.

Es muy importante darle afecto y reconocimiento al niño, dedicándole expresiones como las siguientes: «Te quiero y te acepto tal y como eres. Te escucho, te valoro», «No hay nada malo en ti: eres bueno, digno de amor y de todas las bendiciones del universo», «Amo quien eres», «Me siento orgulloso de ti».

Muchos niños se han podido sentir traicionados porque personas de su entorno familiar (hermanos, padres, abuelos...) incumplieron promesas que les hicieron, de modo que dile a tu niño interior: «Ten un poco de paciencia conmigo: estoy aprendiendo a quererte y a cuidarte como te mereces, pero estoy decidido a hacerlo». Tienes que estar presente para tu hermoso niño interior y no fallarle en las promesas que le hagas.

Igualmente, puedes utilizar un muñeco o peluche que simbolice a tu niño interior y dedicarle afirmaciones positivas como las que hemos visto en el ejercicio de la fotografía. El muñeco es un símbolo que tu inconsciente entiende a la perfección. Debe ser tuyo, no de tus hijos ni de tu infancia;

un muñeco que simbolice un nuevo niño interior, más luminoso, sano, risueño y amoroso. Te lo vas a poner en el regazo diciéndole lo mucho que lo quieres. Dile cosas bonitas y todo lo que consideres que necesita oír, trátalo con mucho mimo y dale un abrazo.

Puedes hacer este ejercicio siempre que sientas que lo necesitas o cuando percibas que se ha vulnerado una parte importante de ti y tu niño interior te pida apresuradamente que lo reconfortes.

Recuerdo a una asistente de uno de mis talleres sobre el niño interior que sentía una intensa emoción de abandono debido a una ruptura de pareja y al dolor profundo que conllevó. A medida que el taller iba avanzando, poco a poco, se fue sintiendo más reconfortada debido a la conexión con su niña interior.

A la mañana siguiente, ya sólo con mirarla vislumbré en ella una mayor serenidad y me dijo: «He dormido con mi muñeca y ya no me he sentido tan sola. Ha sido como si me abrazasen». Esta descripción explica perfectamente lo que se siente al conectar con el niño interior. Si el adulto, mediante una visualización o utilizando el símbolo del muñeco, lo toma en los brazos, lo consuela y le da un abrazo lleno de calor, la soledad comienza a diluirse y empieza a sentirse reconfortado.

Te propongo una visualización en el día a día: busca una imagen mental de tu niño interior, es decir, de ti de pequeño, y visualízala en varios momentos del día. Se trata de tener presente a tu niño interior, de recordarlo, de no olvidarlo y de ir estableciendo una relación de confianza con él. Puedes abrazarlo mentalmente y demostrarle así tu cariño para que no tenga dudas sobre ello y dedicarle una mirada apreciativa acompañada de las siguientes expresiones o de otras que tú sientas: «Te quiero, estoy aquí para ti», «Estoy contigo, estoy aquí para ti. Te veo, te escucho, te reconozco, te valoro y te quiero», «Elijo amarte tal y como eres, con tus fortalezas y tus debilidades, todos las tenemos, pero yo te acepto como eres: eres un niño maravilloso» o «No estás solo: yo estoy aquí para ti».

Suele sentirse mucha compasión en los primeros encuentros con el niño interior, porque vemos a un niño pequeño, solo, dañado, desconfiado..., pero, al mismo tiempo, contento y esperanzado. Alguien por fin se está haciendo cargo de él y le está mostrando su amor.

De pequeños buscábamos la mirada de nuestros padres y, en muchas ocasiones, no la encontrábamos, de modo que vamos buscando esa mirada en los demás. Ahora ese niño está siendo visto, atendido y reconocido por la única persona a la que nunca perderá: a ti.

Ejercicio

Ve practicando con la fotografía, el muñeco o la visualización en ciertos momentos del día y disfruta del encuentro con ese niño puro, dulce e inocente.

Si surgen emociones dolorosas, exprésalas. Estás conectando con tu parte emocional, así que puede que surjan dolores pendientes; no los reprimas. Para renacer emocionalmente, es necesario sumergirnos en el dolor y, de esta forma, poder liberarlo.

5

El diálogo interno

Cuando pronunciamos palabras llenas de positividad, como «amor» y «paz», podemos cambiar la forma en que funciona nuestro cerebro, se eleva el nivel de atención, inteligencia y creatividad y fluye por nuestro organismo una sensación de bienestar. En el extremo opuesto, el uso frecuente de palabras negativas genera la aparición del estrés, empeora el estado de ánimo y desata pensamientos negativos recurrentes.

Diversas investigaciones constatan que el impacto de las palabras negativas en el cerebro es aún mayor cuando se refiere a características propias, con frases del tipo «No valgo», «No puedo», «No sé», «Soy peor que ellos», «Todo lo hago mal», «Soy idiota»... Además, piensa si esos mensajes ofensivos que te lanzas a ti mismo los oíste cuando eras niño, es decir, si te etiquetaron de forma negativa, te lo creíste y sigues dedicándote las mismas palabras peyorativas.

Recuerdo el caso de una asistente a un taller a la cual, en un diálogo escrito —más adelante practicaremos la herramienta del diálogo—, su niña interior le dijo lo siguiente:

Niña: Es que soy tonta.

Adulta: ¿Por qué dices eso, cariño? No eres tonta.

Niña: Sí, lo soy. Papá me lo decía continuamente y tú me lo dices también y me hace daño.

Veamos el trasfondo de este diálogo. La adulta tiene una imagen devaluada de sí misma, se siente insegura y sin confianza en sus capacidades, pero ha conectado con la emoción (niño interior), la ha traducido en palabras a través del diálogo escrito y ha tomado consciencia de que se sigue dedicando el mismo mensaje despectivo que recibió en la infancia: «Eres tonta». La adulta ni se había percatado de la cantidad de ocasiones en las que su lenguaje interno se basaba en esas dos palabras. Estamos tan ausentes de nosotros mismos, del momento presente, que no somos conscientes de cómo nos hablamos.

Unas palabras sanadoras de la adulta amorosa podrían ser las siguientes:

> Perdóname, lo siento mucho, no he sido consciente de que te causara este dolor. Estaré más atenta. Tú no eres tonta, papá no tenía ningún motivo real para decirnos esas palabras, pero veo que se te han quedado grabadas. No, cariño, tú eres lista, capaz, vales mucho y estoy muy orgullosa de ti. Hay cosas que se nos dan mejor y las hacemos de maravilla, como, por ejemplo [utiliza el refuerzo positivo y recuérdale habilidades, logros y momentos exitosos] y otras no tan bien, como le sucede a todo el mundo; nada más. Eres lista, vales mucho. Te quiero, pequeña.

Ahora la adulta ha de estar muy atenta para no seguir llamándose tonta y abandonar ese diálogo interno que tanto condiciona su valoración de sí misma. Al cambiar ese diálogo interno, su autoconcepto mejorará.

A veces es necesario evaluar un comportamiento y ver si es mejorable, hacer una autocrítica sana, puesto que te ayuda a mejorar como persona, pero un juicio constante con el que únicamente te menosprecias no es saludable. La autocrítica constante genera sentimientos de ansiedad, soledad, depresión, ira, dolor, miedo, culpa y vergüenza.

Nadie es perfecto, todos tenemos limitaciones. La autocompasión se refiere a cómo nos comportamos con nosotros mismos cuando cometemos errores o cuando las cosas no salen como nos gustaría y tiene un efecto terapéutico en la vergüenza y la autocrítica. La autocompasión genera sentimientos de cariño, de bondad hacia uno mismo; se toma una actitud de entendimiento con los fallos y se es consciente de que en uno mismo conviven las virtudes y las debilidades de cualquier ser humano. La autocompasión con una mirada amorosa nos permite avanzar mejorando nuestras debilidades. El juicio constante nos hace permanecer bloqueados en la vergüenza, la culpa y la ansiedad.

Debemos cuidar ese lenguaje interno y ser también conscientes de las palabras que les decimos a los niños. Cada vez que le decimos a un niño cualquier frase que empiece por «Eres...», su cerebro guarda esos datos en una de sus estructuras, el hipocampo, ya sean mensajes positivos o negativos, formando de este modo su autoconcepto (es decir, la idea que el niño se va creando de sí mismo).

Existen unas sencillas pautas para evitar que las palabras sean dañinas para el cerebro del niño. Para empezar, es preferible hablarles en términos de conducta, evitando el término «eres» y usando en su lugar «estás», «haces» o «tienes». No es lo mismo decirle a un niño «Eres un despistado» que decirle «Hoy estás despistado».

La identidad del niño aún está en desarrollo, la plasticidad cerebral está en su momento álgido y sus recursos todavía no son suficientes como para discernir si lo que dicen de él es verdad o es erróneo. Es decir, el niño es muy permeable a lo que los demás piensen, crean y digan que es. Es necesario, asimismo, evitar la comparación. Con las comparaciones, el niño forja su autoconcepto en relación con el otro, perdiendo así su identidad propia y no sintiéndose aceptado por quien es. No se trata de ser mejor que nadie, sino de ir creando poco a poco, con perseverancia, compasión y disciplina, una bonita versión de nosotros mismos que nos satisfaga y nos haga sentir realizados.

Es muy importante fomentar la autoestima en los niños y hacerles ver lo importantes y capaces que son. Ésa es la mirada que necesitan. Y tu niño interior necesita lo mismo.

Ejercicios

1. Observa cómo te hablas y transforma en positiva cualquier palabra negativa e insultante que te dediques. Cada vez que te menosprecias, estás insultando a tu niño interior. Lo mismo sirve para los pensamientos negativos hacia ti mismo.

2. Toma consciencia de si recibiste esos mensajes ofensivos cuando eras niño:

- ¿Qué juicios a tu persona recibiste en la infancia?
- ¿Sigues juzgándote de la misma forma?

Evita seguir repitiendo cualquier mensaje despreciativo hacia ti; esto tendrá un efecto realmente beneficioso en tu autoconcepto.

3. Visualización.

Te será de gran ayuda llevar a cabo la siguiente visualización que puedes encontrar en mi web: «Visualización niño interior: yo puedo, yo valgo, yo sé».

Te recomiendo que la vayas practicando de forma frecuente para ir mejorando ese lenguaje interno y dedicarle a tu niño interior las palabras afectuosas que necesita oír.

En la visualización he diferenciado entre las diferentes etapas de la infancia y los mensajes que son de especial importancia en una etapa u otra. El hecho de que sea guiada te ayudará a contactar con tu niño interior.

Igualmente, puedes visualizarla a tu manera. Te explico cómo hacerlo: elige un momento de relajación y ponte cómodo. Cierra los ojos y busca la imagen de tu niño interior. Cuando la tengas, acércate a él y abrázalo con suavidad. Si notas resistencias al transmitir tu amor al niño, respétalo: puede que lleve demasiado tiempo desatendido. Con el tiempo, tu niño interior se abrirá a ti. Háblale, dile que te perdone por todo el tiempo que ha estado desatendido y prométele que a partir de ahora lo vas a cuidar. Dile que lo quieres mucho y que puede contar contigo.

Observa a tu niño: ¿está triste?, ¿contento? Quizá te diga algo. Míralo a los ojos: ¿qué emoción te transmite? Juega con el niño, canta, baila, haz lo que te surja en cada momento, pasa un rato con tu maravilloso niño. Hazlo feliz. Si él sana, tu corazón sana.

Por último, despídete con amor hasta la próxima conexión.

6

¿Cómo fue tu infancia?

> Yo intento siempre llegar al niño que existe en el lector y posibilitarle el camino a sus sentimientos. Le proporciono la llave. Quien quiera puede cogerla y abrir una puerta en su interior. O puede decir: «No quiero abrir esa puerta, le devuelvo la llave». Cuando tenemos esta llave, resulta más sencillo llegar a ese niño que fuimos y aprender de él. Con este niño la persona aprenderá mucho más que conmigo, porque realmente sólo podemos aprender de las propias experiencias.
>
> ALICE MILLER, psicóloga y autora de *El drama del niño dotado y la búsqueda del verdadero yo*

Podemos liberarnos del dolor cuando somos conscientes de él. Es importante estar preparados para afrontar emocionalmente la verdad de nuestra infancia, renunciar a la negación de nuestro sufrimiento sin esconderlo ni minimizarlo y desarrollar empatía con el niño que fuimos y entender así las razones de ciertos comportamientos, emociones, relaciones que atraemos...

Es evidente que una de las principales razones por las que podemos crecer con una baja autoestima es lo vivido en la infancia. Es entonces cuando obtenemos el reconocimiento de los demás; en este caso, de nuestros padres o cuidadores. La crítica, la comparación, la falta de reconocimiento o ciertas valoraciones y opiniones van forjando nuestra autoestima y van creando también el autoconcepto y la percepción de nosotros mismos.

Ahora vamos a indagar en tu infancia mediante una serie de preguntas que te voy a plantear. Los recuerdos te irán llegando. Contesta a las preguntas por escrito, pues, de esta forma, accederás a más información.

1. ¿Cómo te sentías en tu infancia respecto al amor que recibías?

¿Solo? ¿Abandonado? ¿Triste? ¿Sobreprotegido? ¿Rechazado?

2. ¿Cómo te trataban tus padres?

- ¿Te mostraban su reconocimiento ante lo que hacías bien? ¿Te daban afecto? ¿Te escuchaban? ¿Te sentías atendido física y emocionalmente? ¿Te sentías comprendido? ¿Jugaban contigo?
- ¿Te sentías abandonado, rechazado o ignorado? ¿O quizá fueran padres muy exigentes y te hacían sentir inseguro?
- ¿Era la relación más armoniosa con uno de los progenitores? Sin caer en idealizaciones contraproducentes —trataremos el tema de los padres más adelante—, ¿estaban presentes física pero no emocionalmente?
- ¿Te sobreprotegían? Puede darse el caso de padres que, con una noble intención, sobreprotegen a sus hi-

jos, lo cual tampoco es beneficioso, porque el mensaje que recibe el niño es el siguiente: «Tú solo no puedes». Este mensaje lo sigue acompañando de adulto y puede llegar a ser un adulto inseguro, al que le cuesta desenvolverse en la vida, que evita los problemas en lugar de hacerles frente, con poca iniciativa...

3. ¿Cómo te tratas a ti mismo?

¿Te juzgas continuamente? ¿Ignoras a tu niño interior y no eres amoroso con él? ¿Te escuchas? ¿Eres muy exigente contigo mismo?

Aprendemos a través de la experiencia y nos tratamos como nos han tratado los cuidadores de nuestra infancia, especialmente los padres. Tomar consciencia de ello ya es un paso hacia el cambio.

4. ¿Fuiste un niño deseado?

Hay niños que no han sido deseados y pueden llegar a percibirlo, notar que no son bienvenidos y sentirse rechazados. Pueden seguir conectando con ello en su vida adulta de forma frecuente, con esa sensación de sentir que los demás los rechazan.

Sin generalizar, es habitual que se instale en el niño no deseado un sentimiento de culpa inconsciente por haber nacido, como si no mereciese la existencia, lo que provoca que en su vida adulta la persona conecte con demasiada frecuencia con esa emoción altamente dañina que la sumerge en un bucle de sufrimiento: la culpa.

5. ¿Cómo fue el embarazo de tu madre?

Los efectos de las emociones de nuestra madre atraviesan la barrera de la placenta y nos influyen de forma directa. Si nuestra madre tiene sentimientos y pensamientos de amor y aceptación hacia nosotros, lo percibimos. Si siente ansiedad, preocupación y miedo, también lo percibimos y lo sentimos como propio. El futuro bebé, mientras está en el vientre materno, puede sentir una gran confusión mental si percibe el rechazo de la madre, y tanto es así que se ha dado el caso de bebés que se han sentido tan rechazados que tienen aversión a la leche materna.

6. ¿Cómo era tu entorno en la infancia? ¿Había calidez? ¿Tensión?

Si hemos crecido en un entorno amoroso, lo normal es esperar que el mundo exterior sea un lugar seguro, lo cual nos crea un sentimiento de confianza en la vida y una mayor seguridad y confianza en nosotros mismos. En cambio, si el entorno ha sido hostil, esperaremos que el mundo exterior sea igualmente hostil y peligroso y podremos tender hacia la desconfianza y el miedo. Lo que está grabado en el inconsciente tiende a repetirse y, cuanto más fuerte sea el impacto, más fuerte será la tendencia a la repetición.

Voy a poner un ejemplo para que se entienda más claramente. Hay personas que expresan miedo a perder la felicidad cuando tienen un momento vital armonioso y gratificante, con frases del tipo «Me va todo tan bien que me da miedo que suceda algo malo». Esta creencia, profunda y muy extendida, puede tener su origen en experiencias de la niñez; un momento en el que el niño se sentía alegre y feliz que se cortó bruscamente; un momento lúdico que se interrumpió con un grito o una discusión de los padres; estar disfrutando de hacer algo de forma inocente y ser criticado sin entender por qué.

Había momentos armoniosos en la infancia que se interrumpían con mucha frecuencia y que pueden hacer creer que la felicidad se acaba, que no dura, que, si se es feliz, algún contratiempo, problema o infortunio no tardará en llegar, con lo que al adulto le resulta complicado adquirir el hábito de sentirse bien, ya que, inconscientemente, atraerá experiencias que seguirán cortando esa felicidad.

7. ¿Cómo fue la relación con tus hermanos?

- ¿Te comparaban mucho con algún hermano y te hacían sentir inferior? Si era así, puede que en tu vida adulta tengas tendencia a compararte constantemente con las personas para seguir alimentando inconscientemente ese sentimiento de inferioridad.
- ¿Eras el hermano mayor y cuidabas constantemente de tus hermanos menores? Esto supone una carga y una responsabilidad excesivas para un niño, al que ya en la infancia se le pide «ser adulto». Asimismo, hay niños que se han sentido acosados y humillados por un hermano y la herida que esto les causó en la autoestima sigue latente.

8. ¿Hubo hechos traumáticos en tu infancia?

Cuando me refiero a hechos traumáticos no siempre hablo de violencia o maltrato. Un trauma es todo aquello por lo cual las personas nos sentimos sobrepasadas y desbordadas, sin saber por dónde salir; se trata de un impacto emocional muy fuerte que produce un daño duradero hasta que se sana.

Desde la perspectiva de un adulto, puede parecer que muchas situaciones de la infancia no tienen demasiada importancia en este sentido. Sin embargo, desde el punto de vista de un niño, todo cambia. El niño no tiene los mismos recursos que el adulto; es tremendamente vulnerable. Las miradas de desprecio, los comentarios ofensivos, las burlas o una gran soledad pueden quedar marcados en nuestra memoria y condicionar el tipo de adulto en que nos convertimos.

Si un niño, por ejemplo, tuvo que soportar discusiones o gritos de sus padres y esto se le ha quedado grabado a fuego en el inconsciente, tenderá a reaccionar de forma similar, provocando constantes discusiones y mostrándose agresivo o, por el contrario, se comportará de forma sumisa para evitar cualquier confrontación debido a la aversión que siente a los gritos constantes que presenció en su infancia. También podría llegar a ser una madre o un padre que expresa agresividad con sus hijos, ya que en su infancia tuvo que soportar esos comportamientos violentos de sus propios padres. No olvidemos que el niño aprende por imitación.

Hay un experimento, el del muñeco bobo, en el que una maestra pega e insulta a un muñeco inflable delante de todos sus alumnos de infantil. Después se deja a algunos niños, de forma aislada, en una sala repleta de juguetes entre los que se encuentra también el muñeco inflable. Los niños se dedican entonces a insultar y a pegar al muñeco usando las manos y los otros juguetes como armas. El experimento muestra que el comportamiento agresivo se aprende mediante la observación y la imitación.

El niño herido puede ser peligroso: puede mostrarse celoso, irritable, agresivo, déspota y, en casos extremos, llegar al maltrato. Hay niños que han sido maltratados en la infancia que pueden llegar a perpetrar ellos mismos ese maltrato con sus hijos, a su pareja... No ocurre siempre, pero puede pasar. Será necesario poner límites a ese niño herido y sanar su herida para que deje de repetir cualquier comportamiento violento y agresivo.

Recuerdo un caso realmente curioso de una asistente a mis cursos que es una muestra de que el trauma de lo vivido tiene consecuencias directas en la vida adulta.

Una niña de unos cinco años enferma gravemente. Un día, mientras la pequeña descansa en su habitación, oye a sus padres hablar de su enfermedad, creyendo que la niña no está escuchando. Los padres manifiestan el miedo atroz que sienten a que su hija no sane. La niña se pone las manos en la cabecita gritando y llorando desconsoladamente al oír estas palabras, por el miedo a morir que se ha despertado en ella. Imaginemos la angustia que sintió esa criatura. Finalmente, la pequeña superó la enfermedad.

Como ese miedo a morir se había grabado en su inconsciente con mucha fuerza, como forma de «protección» ante la enfermedad y la muerte, curiosamente, la adulta se convierte en enfermera y trabaja en un hospital, tiende a ser hipocondríaca y se casa con un farmacéutico.

9. ¿Cómo fue tu etapa escolar?

¿Fue una etapa feliz o te sentiste rechazado o marginado por otros niños? ¿Hubo alguna escena en la que te sintieras humillado, por ejemplo, por un profesor?

Recuerdo el caso de un adulto que de niño, con mucha ilusión, leyó un cuento escrito por él delante de sus compañeros y de su profesor. El profesor ridiculizó el cuento de forma muy desconsiderada y tanto él como sus compañeros acabaron riéndose del niño cruelmente. Ese niño sintió tanta vergüenza y tanta humillación que de adulto era incapaz de hablar en público. El miedo lo paralizaba sólo de pensar en esta posibilidad. Cuando tomó consciencia de dónde estaba el origen de ese bloqueo, pudo sanarlo y atreverse a exponerse en público.

Ejercicio

Contesta a las preguntas anteriores con calma (puedes dedicarles varios días). Como decía, los recuerdos irán surgiendo de manera natural. Recuerda hacerlo por escrito.

Te puedes encontrar con resistencias a la hora de indagar, porque ciertos recuerdos te resultarán incómodos y tristes. Afrontar la verdad de lo que pasó en la infancia y de lo que sigue sucediendo ahora en tu vida te puede generar dolor, en parte por lo que quedó pendiente de resolver en esos primeros años, pero aceptar ese dolor es el paso previo para sanarlo.

7

Los personajes del ego

> Quiero cantar como los pájaros cantan sin preocuparme por quién oye o lo que piensan.
>
> RUMI, poeta y místico sufí

Cuando elegimos amarnos y amar a los demás, nuestra elección inconsciente es otra: la que hemos aprendido desde niños, es decir, tratar de controlar la vida, las emociones y a las personas para que «no nos dejen de querer». De este modo, se puede ser el niño bueno, el perfecto, el agresivo, el que se pone siempre enfermo... Todo vale con tal de ser reconocido y amado.

El niño va probando hasta encontrar el personaje que más útil le resulta, aunque sea el niño rebelde que recibe reprimendas constantes. Al fin y al cabo, es la forma de que sus padres lo vean, de llamar su atención y no sentirse ignorado. En este caso, el niño prefiere el grito o la bofetada a la indiferencia. Es como preferir el dolor a la nada.

En la infancia, nuestro yo esencial se esconde y va surgiendo ese yo herido: pasamos a comportarnos como nuestros padres u otras figuras relevantes de la infancia (abuelos, profesores...) querían que fuéramos con tal de ser aceptados.

Nos sentimos indefensos y tenemos que crear una estructura defensiva, el ego, que nos permita seguir creciendo.

De adultos, seguimos representando ese personaje que nos ayudó en la infancia para gustar a los demás, para ser aceptados y queridos, pero no tenemos ningún control a la hora de conseguir la aceptación, el cariño, el reconocimiento y la comprensión de los demás. Tampoco podemos controlar si los demás eligen enfadarse, distanciarse, culpar o juzgar. Al tomar consciencia de esta realidad, poco a poco dejamos de intentar controlar los sentimientos y los comportamientos de los demás. Puede haber personas que realmente no se interesen por tu bienestar y no te traten con respeto, por mucho que tú sí lo hagas.

Puedes pasarte la vida intentando agradar, cuidando, haciendo mil favores y olvidándote de ti (de tu niño interior) y de tus propias necesidades, pero un día abres los ojos a la verdad y tomas consciencia de que no eres importante para esa persona a la que tanto tiempo dedicas, y sientes que te ignora, que no le interesa tu amistad si no hay un beneficio a cambio, que no quiere crear un vínculo de pareja contigo...

Por este motivo, replantéate la pregunta «¿Cómo puedo hacer que los demás cambien?» para que pase a ser «¿Qué es lo que tengo que aceptar de esa persona?».

Veamos a continuación algunos personajes del ego muy comunes.

Rescatador

«Yo te salvo, yo me ocupo, yo resuelvo, yo sé lo que tienes que hacer y cómo lo tienes que hacer.»

Atrae a personas con problemas para «salvarlas» y sentirse útil, importante y amado. Está rodeado de personas con problemas que se encarga de resolver, aunque esto pueda suponerle un perjuicio porque puede destruir su economía o su salud.

Piensa que debe hacerlo, incluso aunque no se le solicite la ayuda, y no se detiene a pensar si la otra persona lo necesita o si es sano para ella. Sin embargo, es importante devolver el poder a las personas para que resuelvan sus propias encrucijadas, sin crear dependencias emocionales.

El rescatador vuelve a encontrar un sentimiento de poder al salvar a los demás; es una forma de protestar y de vengarse de la propia humillación sufrida en la infancia y una manera de evitar ser abandonado o rechazado.

Dependiente emocional

«Espero que los demás me proporcionen el afecto, el apoyo y el bienestar emocional que yo no sé darme. Mi felicidad depende de ellos.»

El niño intenta conseguir el amor y la aprobación de sus padres y, en muchas ocasiones, no lo consigue. Luego llega la adolescencia e intenta llenar sus vacíos con su nueva familia: los amigos. Seguidamente, con su primer amor. Después, con las siguientes relaciones amorosas y, llegado el caso, hasta con sus hijos. La cuestión es que alguien le dé amor. Pero la realidad es que nadie puede cuidar a nuestro niño interior por nosotros. Otras personas nos pueden aportar amor, por supuesto, pero depende de uno mismo llenar esos vacíos.

La dependencia, además, es sinónimo de resentimiento, porque en el momento en que alguien depende de otra persona se está menospreciando. Sin embargo, el resentimiento en realidad es consigo mismo por no valorarse lo suficiente, ya que inconscientemente todos conocemos el enorme poder personal del que disponemos, aunque no hagamos acopio de él.

Víctima

«Todas las desgracias me suceden a mí. ¿Qué he hecho yo para merecer esto? La vida se ensaña conmigo y no puedo hacer nada.»

Cuando sufre, no evoluciona, se queja, acumula frustración, intenta que los demás lo compadezcan y exige, sin hacer nada, que el mundo «hostil» cambie y le sea más favorable. Busca la compasión externa y hasta puede llegar a enfermar para obtener atención y atraer situaciones a su vida que sigan causándole más dolor, ya que desarrolla un apego a ese sufrimiento.

La víctima puede convertirse en un gran verdugo, proyectando su ira y su amargura hacia los demás de diferentes maneras. Todos en algún momento podemos sentirnos víctimas como un estado de ánimo puntual; el problema es cuando una persona se mantiene anclada en ese victimismo. La víctima atrae constantemente a verdugos para justificar su sufrimiento, al que de alguna forma se ha hecho adicta.

Cuando integras el cien por cien de responsabilidad, sabes que nadie te castiga, que tienes el poder de elegir, de evolucionar, de sanar, y haces un trabajo personal de eliminación de antiguas estructuras para reencontrarte con tu poder y tu libertad. Podemos continuar creyendo en un exterior que se ha confabulado para hacernos daño y provocarnos un malestar interior o podemos tomar las riendas de nuestra vida y, a partir de ese cambio de actitud, llevar a cabo los cambios oportunos que nos permitan saborear los regalos de la existencia.

Complaciente

«Nunca digo que no, me cuesta dar mi opinión. Si va en contra de la opinión de los demás, prefiero callar. Mi estrategia controladora es agradar.»

Prefiere traicionarse a sí mismo antes que decir que no, porque cree que los demás se van a disgustar con él. Es el niño que aprendió que, al complacer a sus padres u otros miembros de la familia siendo el «niño bueno», conseguía su amor.

Cuidador

«Me olvido de mí mismo, me pierdo en el otro, sus necesidades son más importantes que las mías. Pongo ante todo el bienestar emocional de los demás y después el mío, no me vayan a abandonar o a dejar de querer. Me sacrifico lo que haga falta para que me quieran.»

En muchas ocasiones, veo en mis cursos a personas cansadas y hasta enfermas por cuidar a todo el mundo para conseguir la aprobación y el amor que ellas no saben darse.

Colérico

Está siempre dispuesto al enfado, a la discusión. Cree que el ataque es el único modo de sentirse seguro: «Ataco antes de ser atacado».

Al colérico nada le complace, se siente enfadado con la vida y desconfía de todos, de todo y de sí mismo. Detrás de este personaje puede haber en muchas ocasiones un niño enfadado que no se sintió seguro en la infancia.

Rebelde

Son personas que necesitan desobedecer, llevar la contraria y que siempre están luchando, con el desgaste que eso supone. Su rebeldía es su forma de llamar la atención y de sentirse diferentes y especiales, aunque lo que suelen conseguir es el efecto contrario y los demás los perciben como personas díscolas.

Es el niño que mostrándose rebelde y desobediente atraía la atención de sus padres y de las figuras de autoridad.

Gracioso

Siempre con la obligación autoimpuesta de ser bromista, simpático y mostrarse alegre y contento, aunque por dentro pueda estar sintiendo mucho dolor.

Detrás de este personaje podría estar el niño al que de pequeño le reían las gracias, lo cual era su forma de obtener atención y aprobación.

Controlador

Este personaje representa la obsesión enfermiza de una persona por controlar todo a su alrededor (cosa que no es posible), de modo que las personas con esta necesidad de control experimentan emociones constantes de frustración, estrés y ansiedad y, por lo general, recurren a diferentes formas de control en sus relaciones personales, como la manipulación.

La sensación de tenerlo todo controlado realmente aporta una falsa seguridad, porque la vida puede cambiar en un instante.

¿Y tú qué personaje adoptas para agradar?

Pueden ser uno o varios, pero siempre hay uno que suele predominar. No te juzgues por ello, todo el mundo tiene patrones de control hasta que toma consciencia de ello y empieza a quererse y a respetarse, soltando esos personajes del ego y permitiéndose una mayor autenticidad. Poco a poco se consigue dejar a un lado esa máscara social y la carga que conlleva. Puede haber muchas máscaras diferentes, que sirven para esconder nuestra verdadera naturaleza. Lo importante ahora es observar a tus personajes del ego y empezar a hacer cambios.

Hay un personaje que suele predominar porque es el que le sirvió especialmente al niño para llamar la atención y agradar, incluso para sobrevivir. No hay nada negativo en cuidar, ayudar, hacer favores, ser simpático o tener cierto grado de rebeldía sana para defender tus derechos y opiniones, pero todo depende de la intención que haya detrás de esa acción. Has de tomar consciencia de la falsedad de ese personaje, dejar de identificarte con él y comenzar a alejarte.

Quiérete, ámate y, a partir de ahí, haz los favores que sientas. Pero hazlo desde el amor, desde la libertad, no desde el temor y si alguna vez sientes que debes decir que no, di que no.

Si quieres dar amor, debes quererte. No puedes dar lo que no tienes. A veces nos identificamos tanto con el personaje que hemos creado que no vemos ni oímos lo que el corazón tiene que decirnos y creamos una vida vacía desde un personaje vacío. Siempre tenemos que ser nosotros mismos, sin miedo al rechazo o a la falta de aceptación. Eso es quererse a sí mismo, eso es empezar a ver la vida desde el corazón y crear desde el amor. Ése es el mayor logro.

La autoobservación es la clave, así como ir haciendo cambios, alejarte de ese personaje y hacer algo de forma consciente que nunca te has atrevido a hacer, como decir que no, dar tu opinión, hacer favores sólo cuando lo sientas y no por agradar, dejar de quejarte, permitirte equivocarte... Se trata de estar atento para no repetir los mismos comportamientos y, cuando veas que se activa el viejo patrón inconsciente, di: «¡¡¡Nooooooooo!!!». La intención es la fuerza creadora más grande que existe y un «no» dicho con fuerza es el primer gran paso para avanzar.

Esto puede suponer todo un reto en un primer momento, pero, a medida que tu autoestima se va fortaleciendo, resulta más sencillo. Recuerda que el cambio ha de ser gradual: no se cambia de personalidad en unos días. Se trata de combinar la perseverancia, la paciencia y una intención firme de amarte y de respetarte cada día más y mejor.

La libertad es el derecho a ser tú mismo. En consecuencia, tienes que asumir la responsabilidad de tu propia existencia y de tu proyecto de vida. Nadie lo puede hacer por ti.

Eres un ser maravilloso, de modo que vive desde tu bendito y puro corazón, sé leal a ti mismo y recupera la fuerza y una sana autoestima a través de la conexión del adulto con el niño interior.

Ejercicios

1. Observa a tus personajes del ego y empieza a hacer cambios.

Puede haber varios, pero hay uno que suele predominar porque es el personaje que al niño le sirvió especialmente para llamar la atención, para agradar, de modo que es el que tiene más arraigado porque se creó como una forma de supervivencia a los desafíos de la infancia.

2. ¿Cómo eran tus padres en este sentido?

Imitamos muchos rasgos de comportamiento. Quizá tu padre tendía a un patrón de víctima y tu madre a uno de rescatadora. O tal vez tu madre fuera más bien cuidadora y tu padre dependiente emocional y tú imitas alguno de estos comportamientos. No olvidemos que el niño aprende por imitación y, por ende, toma la referencia de alguien.

Sin embargo, también puedes rebelarte contra estos rasgos o actitudes. Por ejemplo, si tu padre o tu madre eran muy exigentes, por oposición puedes haber decidido irte al extremo opuesto, es decir, hacia la desidia, la dejadez y la falta de responsabilidad, con lo cual te resultará muy difícil prosperar en la vida.

3. Hablar a tu niño interior en ciertos momentos te resultará de gran ayuda.

Imagina que estás charlando con una amistad y estás a punto de caer en tu patrón complaciente. Quieres decir que no pero te da pavor porque oyes una vocecita que te dice: «No puedo decirle que no... Me dejará de querer».

En ese momento en que ya has tomado consciencia de que el viejo comportamiento vuelve a hacer su aparición estelar, es importante que conectes mentalmente con tu niño interior y le digas lo siguiente o algo parecido: «Estoy aquí contigo y te valoro. Eres un niño maravilloso; para mí eres perfecto, no tenemos que complacer a todo el mundo. A mí me gusta como eres».

Seguidamente, atrévete a expresar con libertad tus opiniones y necesidades.

8

Las emociones

Ha llovido como si le hubieran roto el corazón al cielo.

ELVIRA SASTRE, poetisa y escritora

La mayor parte de la gente ha aprendido, equivocadamente, que lo importante es sentirse siempre bien. Esta idea nos lleva a tratar de evitar a toda costa lo que llamamos emociones «negativas».

Las emociones se califican como positivas o negativas, cuando en realidad no son ni buenas ni malas. Deben considerarse adaptativas o desadaptativas, adecuadas o inadecuadas, dependiendo del momento en que surgen, de su intensidad y de la manera en que nos puedan afectar. Por ejemplo, el miedo, ante una situación que pone en peligro nuestra vida, nos permite protegernos. En ese momento, se considera un miedo adaptativo. En cambio, el miedo a la crítica de los demás nos paraliza, nos estanca y nos desgasta constantemente, por lo que en esas situaciones se calificaría como un miedo desadaptativo.

Los seres humanos somos muy hábiles ocultando el dolor emocional, racionalizando desde la mente, desconectándonos del sentir; en resumen, huyendo del dolor emocional, aunque realmente no hay lugar donde esconderse, porque el dolor sólo desaparece cuando se le presta atención, cuando lo aceptas, lo sientes y lo dejas ir. Un corazón alegre implica aceptar todo tipo de emociones y vivirlas con naturalidad, sin regodearse en ellas, pero tampoco negándolas. Será que eso es vivir.

Vuelvo a invitarte a la autoindagación: ¿estás acostumbrado a sentir las emociones?, ¿tus sentimientos eran importantes para tus padres?, ¿estás más atento a los sentimientos y a las necesidades de los demás que a los tuyos propios?, ¿bloqueas tus emociones dolorosas con algún tipo de adicción?

No es sencillo para un niño saber manejar emociones dolorosas como el miedo, el enfado, la tristeza, la vergüenza o la culpa, porque no tiene los recursos para ello. De ahí puede surgir una creencia limitante que nos puede acompañar de adultos: «No voy a soportar el dolor». Pero ahora eres adulto y tienes recursos de sobra para gestionar las emociones dolorosas. Además, hay personas que han podido recibir en su infancia mensajes como «No parezcas débil», «No te muestres vulnerable», «Llorar es de niñas» y que, ahora, como personas adultas, reprimen las emociones, las niegan, las racionalizan... y bloquean las emociones incómodas con todo tipo de adicciones (comida, alcohol, sexo, trabajo, internet, bienes materiales, fama...). Todo puede ser una adicción si la intención que hay detrás es la de evadirse.

Incluso debemos tener en cuenta que si un niño siente y muestra una gran alegría o mucha rabia y lo reprenden fuertemente por ello, puede que el futuro adulto sea una persona con problemas para expresar las emociones, porque ya desde pequeño ha aprendido a cortar de antemano ciertas expresiones emocionales.

Hay emociones dolorosas que provienen de lo vivido en la infancia (miedo, abandono, rechazo, tristeza...) y que después se van alimentando de las experiencias que vamos atrayendo en la adolescencia y en la vida adulta.

Recuerdo el caso de una mujer con problemas de riñón desde que era adolescente (el riñón se relaciona con la emoción del miedo). Su padre la maltrataba a ella y a sus hermanos y los hacía vivir en un estado constante de pánico. El miedo seguía ahí y tenía su origen en la infancia, hasta el punto de que le generó una enfermedad.

Veamos a continuación un extracto del libro *Dejar ir* del doctor David R. Hawkins.

> Es la presión acumulada de las emociones lo que provoca los pensamientos. Una emoción puede crear, literalmente, miles de pensamientos a lo largo del tiempo. Por ejemplo, un recuerdo doloroso de los primeros años de vida, una pena terrible que se ha ocultado. Durante muchos años diversos pensamientos se van asociando a ese simple suceso. ¿Qué sucede si en lugar de reprimir una emoción dolorosa, esconderla, la sentimos y nos liberamos de ella? La energía que está detrás de esa emoción es liberada y el efecto es la descompresión, de inmediato nos sentimos mejor. La fisiología del cuerpo cambia. Hay mejoras detectables en el color de la piel, la respiración, el pulso, la presión sanguínea, la tensión muscular, la función gastrointestinal y la composición química de la sangre; todo el cuerpo experimenta mejoría.

En otras palabras, las emociones dolorosas se guardan en el cuerpo como una energía acumulada, creando una gran cantidad de pensamientos negativos a lo largo del tiempo, aunque se trate de una emoción dolorosa originada en los primeros años de vida que ha sido alimentada posteriormente por otras experiencias de la niñez, de la etapa adolescente y de la vida adulta.

Pongo un ejemplo sencillo para explicar el residuo energético que crean las emociones en el cuerpo físico. Imaginemos a un niño a quien sus compañeros de colegio insultan cruelmente, motivo por el que siente una gran humillación. En ese momento traumático, el niño, preso del nerviosismo, se cae al suelo y se lastima la rodilla derecha, lo que acrecienta su sentimiento de humillación y de vergüenza. Han pasado los años y ese niño, ya convertido en adulto, se queja de un dolor en la rodilla derecha en momentos en los que siente vergüenza o humillación y no entiende el porqué de esa molestia.

Gran parte de las enfermedades están relacionadas con emociones dolorosas reprimidas. La somatización en psicología se define como la manifestación de síntomas físicos frecuentes y variados cuya aparición no está justificada por una causa física, es decir, el cuerpo expresa una emoción reprimida que no se ha exteriorizado. Hay una angustia emocional que no se está liberando. Reprimir las emociones crea dolores y molestias de todo tipo, además de enfermedades físicas y estrés. Es imprescindible para nuestro bienestar mental, emocional y físico saber gestionar las emociones dolorosas.

Si hay una parte de tu cuerpo que no está sana, pregúntale cuál es el mensaje que tiene para ti. Escucha a esa parte de tu cuerpo y mándale amor; el amor es siempre sanador. En muchas ocasiones, hacemos lo contrario y rechazamos esa parte del cuerpo: «¡¡Maldito pie!!». No te pierdas la información que el cuerpo quiere darte; trata el síntoma con los medios que elijas, pero escucha a tu cuerpo y procede con mimo y cariño.

Es muy importante que nos demos cuenta de que no reconocer los sentimientos dolorosos que la vida nos trae, invalidándolos con autocríticas, racionalizando o recurriendo a adicciones para no sentirlos, elimina al mismo tiempo la valiosa información que nos están proporcionando. Es hora de que acabes con las resistencias a cambiar, de que dejes de ser esclavo del pasado y de que derribes tu muro emocional.

Ejercicios

1. Empieza a observar tus emociones.

¿Sientes tristeza? ¿Rabia? ¿Aburrimiento? ¿Frustración? ¿Alegría? ¿Ansiedad? ¿Paz?

2. Siente el dolor emocional, no lo reprimas. Para ello voy a ofrecerte un ejercicio muy liberador.

Cuando practiques este ejercicio, en un momento en que el dolor te embargue, observarás por ti mismo que te aportará sosiego y equilibrio emocional.

Hazlo siempre que sientas cualquier desequilibrio emocional, para ir liberando esa emoción dolorosa que te hace sentir, pensar y actuar siempre de la misma manera. Puede haber resistencias a sentir las emociones, de modo que ve poco a poco: se trata de adquirir un nuevo hábito y esto conlleva un tiempo. Persevera y sé consciente de esas resistencias a sentir para poder superarlas.

A continuación, te detallo el ejercicio y te sugiero de nuevo que practiques una de las visualizaciones que puedes encontrar en mi web: «Liberar el dolor emocional». Simplemente, sigue las pautas que indico y aprenderás a gestionar y liberar el dolor emocional. También puedes grabar el ejercicio con tu propia voz para escucharlo y practicarlo cuando sientas angustia, pena o tristeza.

Haz respiraciones largas y profundas. Observa tu mente. ¿Qué pensamientos hay? ¿De miedo? ¿Tristeza? ¿Rabia? Pon un nombre a la emoción. ¿Qué te está intentando decir? Ni siquiera es necesario saber qué emoción estás sintiendo realmente. Quizá creas que lo que sientes es rabia y lo que hay debajo de esa rabia es tristeza, pero ir poniéndole nombre te aportará una mayor inteligencia emocional.

Fíjate en tu respiración y observa cómo está tu cuerpo en este momento. Ahora ya no pongas atención en los pensamientos, ponla en tu cuerpo. ¿Qué ocurre? ¿Sientes tensión? ¿En qué zona sientes tensión, incluso dolor? Puede ser cualquiera. ¿Cómo sientes esa zona? ¿Es como si fuera una losa? ¿Está fría? ¿Caliente? ¿Es como si te apretasen? Permítete observar esa parte del cuerpo sin juicio, simplemente observa. Pon toda tu atención en esa área en la que está alojada la emoción dolorosa. No existe pensamiento: toda la atención está ahí.

Ahora intenta soltar ese dolor emocional. Sigue con la atención en esa zona del cuerpo y lleva la respiración a esa parte: inhala y abre, exhala y suelta cualquier dolor; inhala y abre la zona, dilátala...; exhala y suelta...; deja ir el dolor emocional. Puedes imaginar humo negro que sale de la boca o de la nariz al soltar el aire, que simboliza que estás dejando ir esa emoción dolorosa.

Sigue poniendo toda tu atención en esa parte del cuerpo. Inhala y abre la zona; dilátala, exhala y suelta el dolor emocional.

Inhala y abre; relaja esa zona del cuerpo. Exhala y suelta; libera el dolor emocional.

Inhala y abre; relaja esa zona del cuerpo. Exhala y suelta; libera el dolor emocional. Puedes imaginar humo negro que sale de la boca o de la nariz al soltar el aire, que simboliza que estás dejando ir esa emoción dolorosa.

Inhala y abre; relaja esa zona del cuerpo. Exhala y suelta; libera el dolor emocional.

Cuando sientas que esa zona del cuerpo ya no tiene tensión o, al menos, ha disminuido, observa qué sientes. ¿Más calma? ¿Serenidad?

Ponle un nombre a esa emoción más armoniosa. Si ésta tuviera un color, ¿cuál sería? Pon ese color que simboliza la nueva emoción en la parte del cuerpo que estaba tensa, como si la pintaras. A continuación, llena de ese color, que simboliza la emoción más armoniosa, el resto del cuerpo.

Ponte las manos en el corazón y graba esa nueva emoción en él.

9

El mundo y las emociones

Como expliqué cuando traté brevemente la técnica de Ho'oponopono, tú lo atraes todo a tu vida, creas tu realidad, eres cien por cien responsable de todo lo que sucede en ella, de lo que te gusta y de lo que te disgusta. Tú y sólo tú lo has creado. La consciencia humana es creadora y capaz de transformar la materia.

Sin embargo, esta creación sucede de forma inconsciente. Recordemos que nuestra mente está formada por dos partes: la consciente y la subconsciente. La consciente procesa sólo el 5 por ciento de la información, mientras que la subconsciente lo hace con el 95 por ciento restante. El que realmente tiene el poder para crear es el subconsciente.

Atraemos lo que somos a nuestra realidad, pero nuestra perspectiva está condicionada por las emociones dolorosas grabadas desde la infancia. De esta forma, para una persona miedosa, el mundo es un lugar peligroso y amenazante, con lo que atrae experiencias amenazantes. Para una persona enfadada, el mundo es agresivo y atrae más experiencias que la llevan a enojarse. Para una persona alegre y confiada, el mundo es hermoso y seguro y así atrae más experiencias para confiar.

Nuestro mundo exterior refleja fielmente nuestro mundo interior. Si estás enojado por dentro, aun cuando no seas consciente de ese enfado, no lo dudes: el fiel espejo que es la vida hará que encuentres personas enfadadas en tu realidad. Estas personas te devolverán la imagen de tu propio enojo. Si hay en ti una herida intensa de abandono o de rechazo, las personas a tu alrededor lo reflejarán, te abandonarán, se retirarán emocionalmente o serás tú quien tenga una tendencia a abandonar al otro. Si eres muy autocrítico y exigente contigo mismo y constantemente te flagelas con tus pensamientos, sentimientos y actitudes, atraerás a personas que reflejarán esa misma situación, desvalorizándote, faltándote al respeto o maltratándote como tú mismo te maltratas. En resumen, el inconsciente y su información se proyectan en tu vida atrayendo más de lo mismo.

Las emociones son reacciones psicofisiológicas que generan sustancias químicas. Esta química empapa las células del cerebro, que se acostumbra a recibir esa dosis y pide cada vez un poquito más, lo cual demuestra que podemos ser adictos a algunas emociones. Por ejemplo, podemos usar a personas cercanas para sentir decepción o rabia de manera continuada, lo cual produce una habituación cerebral a esas emociones y nos convierte en adictos a ellas.

En mis talleres, hay muchas personas que expresan su frustración porque se sienten estancadas y piensan que viven en un bucle repetitivo, y realmente todos nos hemos podido sentir así en alguna ocasión. Sin embargo, la realidad es que no podemos pretender que suceda algo diferente en nuestra vida si cada día pensamos, sentimos y hacemos lo mismo. Al repetir lo mismo de siempre, fijamos neuronalmente nuestros pensamientos, nuestras emociones y nuestras acciones. No podemos crear un nuevo futuro desde los pensamientos negativos y las emociones dolorosas de siempre, en función de lo cual tomamos constantemente las mismas decisiones. Podemos ser adictos a la ira o a la tristeza, pero también podemos llegar a ser adictos a la felicidad, la alegría, la armonía, el amor...

Algo que nos va a resultar de gran ayuda para fomentar esas emociones que nos generan bienestar es la práctica de la meditación. Cuando meditamos, somos el observador: no nos identificamos con ese torrente de pensamientos negativos, sino que los observamos con cierta distancia. De esta forma, estamos ayudando al cerebro a crear nuevas conexiones entre sus células para poder liberarnos de las emociones adictivas. Asimismo, fomenta todo lo que te produzca emociones positivas para que tu cerebro empiece a desear ese maravilloso estado y se haga adicto a la felicidad.

Es importante que seas consciente de cuándo estás sintiendo alegría, paz, ilusión o pasión. La clave radica en expresar y no ocultar los buenos sentimientos y las emociones positivas. En ocasiones, ni sabemos que estamos siendo felices porque no estamos en el aquí y ahora.

En este punto, quiero presentarte un pequeño ejercicio que puedes poner en práctica siempre que sientas un momento de plenitud. Pon la mano en el corazón y di mental o verbalmente esta frase para atesorar ese instante: «Guardo el gozo en el corazón y en todos mis cuerpos sutiles».

Hagamos ahora una reflexión importante: en realidad, el miedo a la vida es el miedo al dolor que pueda derivarse de ciertas vivencias. Por ejemplo, si tienes miedo a tener una relación de pareja, ¿por qué tienes ese temor? En un taller, una persona me contestó: «Porque perderé mi independencia» (Era una persona que estaba acostumbrada a su patrón de cuidadora, es decir, a perderse en el otro y olvidarse de ella). Siguió indagando por medio de un diálogo escrito con su niña interior herida, que le dijo: «Porque no quiero volver a sentirme abandonada. Todos los hombres lo hacen. Ya lo hizo papá y me hace mucho daño, no quiero volver a pasar por eso». El miedo profundo no era a perder la independencia, sino al dolor.

El niño interior siempre te dice la verdad, por mucho que el adulto entre en un mecanismo de defensa típico: la racionalización. Cuando dejamos de tener miedo a sentir dolor, el miedo a vivir cada vez es menor y nos volvemos más audaces y atrevidos, como cuando éramos niños, porque sentimos que podemos controlar las consecuencias emocionales, sean cuales sean.

Hay otra manera de vivir, otra verdad. Debemos seguir la voz que no se puede acallar, porque cuanto más la intentas ignorar, más te posee, porque se te queda como un grito parado en las entrañas y duele. Es la voz de la pasión. Síguela y ve más allá de las limitaciones autoimpuestas y de los miedos. Pasión y vida van de la mano.

Ejercicios

1. Reflexiona sobre estos puntos:

- Atraemos lo que somos a nuestra realidad y nuestra perspectiva está condicionada por las emociones dolorosas grabadas a fuerza.
- En realidad, el miedo a la vida es el miedo a las emociones dolorosas que pueden derivar de ciertas vivencias.

2. Sigue observando tus emociones. ¿Hay alguna emoción dolorosa que se repita mucho en tu vida?

Mantente conectado con tu cuerpo y con tus sentimientos para saber cuándo te estás sintiendo solo, enfadado o triste. Atesora esos momentos en los que sientes bienestar emocional.

Es importante que seas capaz de reconocer y ponerles nombre a tus sentimientos, pero esto puede llevar tiempo, porque es posible que los hayas estado evitando desde hace mucho.

3. Sigue practicando la visualización «Liberar el dolor emocional» cuando te sientas desequilibrado emocionalmente.

10

La rabia

En los siguientes capítulos vamos a profundizar en algunas de las emociones que podemos sentir. Comenzaré por la rabia.

Las emociones son reacciones psicofisiológicas que ocurren de manera espontánea. Los sentimientos, en cambio, son la interpretación mental que hacemos de esas emociones, es decir:

Rabia = Emoción
Resentimiento = Pensamientos que añadimos
a esa emoción («¿Por qué me ha hecho esto?»,
«Nunca lo perdonaré»...)

La rabia siempre nos indica que hay alguna insatisfacción. Puede ayudarnos a poner límites y a marcar nuestro territorio, a poder decir que no, a pedir algo que es importante para nosotros y a reafirmarnos en nuestra postura. De niños, si nos enfadábamos y nos reprendían por ello, es probable que aprendiéramos a contener el enfado. Incluso es una emoción que puede ir en contra del personaje del «niño bueno».

La rabia también puede surgir del niño herido, esa parte de nosotros que hace que nos sintamos inadecuados, rechazados o abandonados, y puede aparecer como mecanismo para tratar de manipular o atacar a una persona o una situación y desembocar en una reacción desproporcionada, con lo que la persona podría llegar a actuar con cierta agresividad. Las emociones se solapan y lo que hay tras la rabia es miedo: quien está asustado ataca.

Por ello es necesario sentir esa rabia y evitar proyectarla fuera. De lo contrario, esa emoción reprimida puede presentarse en el momento más inadecuado hacia tu pareja, algún familiar o cualquier otra persona, aunque no tengan ninguna relación con el origen de tu enfado, lo cual provoca conflictos y daños en tus relaciones personales. Pongamos el caso de una persona que está enfadada con su jefe pero desplaza el objeto de su ira hacia su pareja y le grita, redirigiendo así su impulso hacia una persona de confianza.

Además de miedo, la tristeza también podría esconderse tras esa rabia. De hecho, es algo frecuente.

En muchas ocasiones, sentir la adrenalina producida por la rabia y el resentimiento es una ganancia secundaria inconsciente: te sientes poderoso, fuerte y dominas la situación. Pero, aunque pueda parecer que nos provee de una fuerza saludable, la sobreproducción de adrenalina, mantenida en el tiempo, causa un gran desgaste en el sistema nervioso. Dejas de ser víctima cuando sueltas la rabia y el resentimiento; por este motivo, hay personas que pueden resistirse a soltar la emoción y a perdonar y que prefieren aferrarse a su papel de víctima.

La frustración puede confundirse con la rabia aunque no sea lo mismo. La frustración aparece cuando no se cumplen nuestras expectativas. Sin embargo, la rabia puede aparecer como respuesta emocional a la frustración y, por eso, muchas veces se confunden ambas emociones.

Seguiremos indagando en las diferentes emociones dolorosas y su origen a través de otra herramienta: el diálogo escrito con tu niño interior. De momento, ve poco a poco practicando las dinámicas que te recomiendo.

Estate atento para fijarte en las resistencias que levantas y evitar así emociones dolorosas. Es normal, puesto que estás adquiriendo un nuevo hábito, pero persevera en tu intención de dejar de reprimir el dolor y conquistar una mayor paz interior.

Ejercicios

A continuación, te ofrezco diferentes herramientas para sentir esa emoción de rabia y poder liberarla. Puedes combinarlas o elegir la técnica que te resulte más cómoda y beneficiosa.

1. Imagina que la persona con la que te has enfadado está sentada frente a ti.

No es recomendable que la persona esté allí físicamente, porque podría resultar ofensivo. Hazlo cuando ya no estés tan dominado por la rabia y puedas ser más objetivo.

Dile a tu niño interior estas palabras (o unas parecidas): «Te permito expresar la rabia libremente. Te escucho». Deja que tu niño interior le grite a esa persona con la que te sientes enfadada, diciéndole con detalle todo lo que realmente te gustaría decirle si pudieras hacerlo. Da rienda suelta a la ira, al dolor y al resentimiento hasta que no tengas nada más que decir. Puedes gritar, llorar o golpear una almohada.

Tomar en brazos el muñeco que simboliza a tu niño interior te puede ayudar en este ejercicio y favorecerá que conectes con la emoción.

Haz este ejercicio tantos días como sea necesario.

2. Otra gran ayuda es la escritura emocional. Escribe lo que sientas, sin miedo a ser juzgado, puesto que nadie va a leerlo.

Ésta es una forma de liberar emociones y pensamientos reprimidos que puede resultar muy terapéutica, ya sientas rabia, tristeza, miedo, frustración...

Cuando ocurre algo desagradable, nuestra mente tiende a imaginar una y otra vez los hechos hurgando en el dolor. Este proceso se llama rumiación y genera mucho malestar. Por el contrario, escribir las emociones nos ayuda a desbloquear la emoción, mejorar el estado de ánimo, relativizar los pensamientos negativos y ordenar las emociones. Date el permiso de expresar tus emociones por escrito: tus enfados, tu pena, tus miedos, tus anhelos... Date el permiso de ser tú mismo sin miedo al juicio externo por lo que piensas o sientes y plásmalo en ese papel, que puede convertirse en un gran amigo.

Antes de escribir, puedes conectar con tu niño interior por medio de una imagen mental y preguntarle lo siguiente: «Debe de haber una buena razón para que te sientas tan furioso. ¿Qué te está pasando?».

Seguidamente, escribe y plasma tu rabia en ese papel para poder soltarla. Sentirás mucha liberación. Hazlo con la espontaneidad de un niño, no intentes ser sensato o amable. Éste es un momento para ser totalmente sincero y no censurar las emociones.

3. Visualización «Liberar el dolor emocional».

Una vez que ubicas y reconoces el dolor, puedes liberarlo.

11

La tristeza

Se ha vuelto llanto este dolor ahora.
Se ha vuelto llanto este dolor ahora
y es bueno que así sea.

Jaime Sabines, poeta mexicano

La tristeza nos facilita la introspección y hace que prestemos menos atención al mundo exterior y nos focalicemos en el interior. Nos permite hacer un análisis de la situación y sacar conclusiones constructivas.

La mayoría de las personas entiende la tristeza como algo negativo, pero ésta es un poderoso agente de cambio cuando algo no está funcionando en tu vida. El primer paso es ser consciente de ello. Por supuesto, también puedes sentir una tristeza que tiene su origen en un duelo emocional y esto tiene su propio proceso.

Deja que el cuerpo exprese lo que siente con total libertad, desahógate, llora cuando sea necesario. En ocasiones, reprimimos tanto las emociones que nos ahogamos sin darnos cuenta. Socialmente nos han hecho creer que llorar es de personas débiles, pero no es así: llorar es natural y sano. Hay estudios que demuestran que llorar puede ser relajante y ayuda a liberar endorfinas, las hormonas relacionadas con el placer. El llanto activa el sistema parasimpático, lo que puede ayudar a reducir el estrés y a superar experiencias desagradables.

Quizá a medida que vayas permitiéndote expresar esa tristeza puedas tomar consciencia de que tras esa aflicción se esconde rabia o frustración. Es algo común: la tristeza es una emoción que nunca viene sola. Si es así, permítete expresar ese enfado.

La tristeza puede hacerte sentir débil y cansado, de modo que tenlo en cuenta e intenta descansar. Si fuese una emoción muy desbordante que pudiera llegar a hacerte caer en una depresión, busca ayuda terapéutica. Pedir ayuda cuando se requiere también es una acción amorosa. Ya sea acudir a un psicólogo, a un terapeuta o a personas cercanas, pedir ayuda no es un signo de debilidad, sino de humildad y de amor a uno mismo.

De hecho, en personas que han tenido una infancia dolorosa y cuyo trauma condiciona demasiado su vida adulta es recomendable un acompañamiento en el camino. De todos modos, es también imprescindible que tengamos nuestras propias herramientas de autosanación. Por ejemplo, algo que ayuda a elevar el ánimo es recordar momentos felices, placenteros o divertidos, ya que nuestro cerebro no distingue entre lo imaginado y lo real. La visualización de esos momentos de alegría hace creer al cerebro que está viviendo una experiencia feliz y éste segrega la misma química que si lo imaginado ocurriera realmente. Por tanto, pasar un tiempo imaginando los momentos más bellos de tu vida potenciará tu bienestar emocional.

Pasa unos minutos al día haciendo acopio de estos recuerdos y rememorando esos momentos porque, además de ser una gran ayuda para volver a sentir alegría, hará que tu cerebro busque experiencias alegres en el momento presente. Recuerda que podemos ser adictos a muchas emociones, así que hazte adicto a la alegría. Además, recrearte recordando esos momentos de plenitud te dará confianza en que, si en el pasado sentiste gozo y entusiasmo, ahora la vida sigue ahí esperándote y ese sentimiento de alegría volverá.

Mímate, descansa, conversa con personas que te valoren, que te escuchen sin juzgar, que te den afecto sincero; siéntete acompañado y apoyado por esas almas cuya energía se suma a la tuya y caminad juntos hacia delante.

Cuando estés dando un paseo, entra en contacto con la naturaleza, haz todo aquello que te ayude a elevar el ánimo y a distraerte, evitando pensar de manera continuada en el suceso que ha desencadenado ese estado anímico para no quedarte atrapado en el abatimiento. Todo tiene su principio y su fin. Ese momento vital de intensa tristeza se irá y, si has recogido el mensaje que esa emoción tenía para ti, volverás a la vida más ligero, más sabio y con más ganas que nunca de saborearla.

Aceptar las emociones y saber manejarlas nos aporta equilibrio y nos permite transitar con mayor templanza tanto los días de calma como los de adversidad.

Ejercicios

1. Escribe lo que sientas.

Antes de escribir puedes visualizar a tu niño interior y preguntarle: «¿Por qué estás tan triste?». Seguidamente, escribe.

2. Dedica unos minutos al día a visualizar con todo detalle momentos en los que te sentiste feliz, en expansión y vital, y hazlo con una música que te resulte alegre.

Utiliza el poder de la música para evocar recuerdos. De hecho, cuando escuchamos una canción que nos agrada liberamos dopamina, la molécula del placer. Además de su conexión con el hipocampo, nuestro centro de almacenamiento de memoria, esto explica por qué ciertas melodías nos transporten al pasado. Qué gran verdad la de Platón cuando dijo que «la música es para el alma lo que la gimnasia para el cuerpo».

3. Calma a tu niño interior.
Busca la imagen de tu niño interior; haz que se sienta acompañado y transmítele tu afecto dándole un cálido abrazo: «Yo estoy contigo, estoy aquí para ti. Te veo, te escucho, te reconozco, te valoro y te quiero».

Además, recuerda que puedes utilizar un muñeco o peluche que simbolice a tu niño interior.

4. Visualización «Liberar el dolor emocional».
Reprimir las emociones es disfuncional. Sentirlas y liberarlas es el camino a la sanación.

12

El miedo

El miedo puede ser un mecanismo de alerta ante posibles peligros reales, aunque, en la mayoría de las ocasiones, veamos peligros donde no los hay. El miedo nos bloquea, nos saboteamos y nos hace abandonar la intención de iniciar nuevos proyectos mucho antes de comenzarlos.

El miedo puede paralizarnos o activar los mecanismos de lucha o huida. Ante una situación nueva e interesante, el cerebro libera dopamina, el neurotransmisor relacionado con la sensación de bienestar y la intensidad de las recompensas. Las personas con niveles más bajos de esta molécula requieren de una mayor cantidad de novedades para estimular el cerebro y así obtener recompensas.

Permanecer en la zona de confort durante largos períodos de tiempo conduce al aburrimiento, la apatía, el estancamiento y la falta de crecimiento. Hay personas que creen sentirse deprimidas y lo que realmente les ocurre es que están aburridas, andando siempre el mismo camino de la nada a la nada. Salir de la zona de confort nos hace crecer y aprender nuevos comportamientos y habilidades nos hace alcanzar nuevos objetivos y mejorar.

Se han hecho estudios en los que se ha observado que, cuando una persona se reinventa, los genes que están vinculados con la inteligencia, la salud y las relaciones sociales —que estaban bloqueados— se desbloquean, generando proteínas que la hace más inteligente, más saludable y más capaz de tener mejores relaciones con los demás. En cambio, tu ego puede provocar pensamientos del tipo: «¿Y si fracaso? ¿Qué pensarán de mí los demás? Qué humillación. Además, sé que sufriré. Al fin y al cabo, no estoy tan mal tal como estoy ahora. Hay personas que están peor que yo. ¿Para qué arriesgarme?».

Todos tenemos miedos y todos hemos oído esas frases con las que nuestro ego nos atormenta. Y se sufre, pero tienes que ser consciente de que si oyes este tipo de frases respecto a alguna faceta de tu vida es que hay un anhelo de tu alma. Detrás de todo miedo hay un deseo.

Puedes huir de tu realidad y disfrazar tus problemas, no serás mejor ni peor por ello, pero la infelicidad te va a acompañar muy de cerca, por mucho que intentes evitarlo, y una de las sensaciones más amargas que puede experimentar una persona es esa desolación de mirar atrás y arrepentirse de lo que no ha hecho. Así que lo primero que has de hacer es aceptar tu miedo, no reprimirlo ni dejar que sea un obstáculo. Sigue adelante a pesar de él, aunque sea temblando, y apresúrate hacia lo desconocido.

Cuando sentimos miedo nos quedamos paralizados y somos incapaces de perseguir nuestros sueños y decirle «sí» a la vida porque decir «no» puede costar esfuerzo. Sin embargo, el «sí» tampoco lo decimos fácilmente; estamos llenos de resistencias que nos limitan la vida. Para desterrar los miedos sólo hay una solución: emprender la acción, porque a la mente no la vas a convencer, así que olvídate de ella y actúa.

Comienza tu camino a tu propio ritmo. Cada persona vive unas circunstancias determinadas, se encuentra en una etapa diferente de la vida y, en ocasiones, hay que llevar a cabo esa acción sin movimientos bruscos, despacito, con calma, pero con constancia. Y, aunque sea una acción liviana, verás qué bien te sientes... Algo nuevo comienza para ti.

Tienes que experimentar por ti mismo las cosas, descubrirlas... Cuando lo hagas, te darás cuenta de que no era para tanto, de que eran, más que nada, miedos mentales. Te sentirás feliz y tu autoestima crecerá porque has sido capaz de dar el paso. La fe en uno mismo mueve montañas. Renovar tu fe en ti es el mayor acto de amor propio que hay, así que el reto es... ¡atreverse! Nada más.

Ejercicios

1. Te invito a que te hagas estas preguntas y las respondas por escrito. Has de indagar en el origen de tu miedo para ayudar a liberarlo.

- ¿Este miedo viene del pasado, del deber ser, desde el miedo a...?
- ¿Qué podría perder? (Incluye los adjetivos de cómo te verían los demás.)
- ¿Deseo quedarme sin vivir esta oportunidad?
- ¿Qué deseo realmente?
- Muchas personas están acostumbradas a que les manden o a quedar bien, todo por agradar. Si eres una de ellas, deberías hacerte estas preguntas:
    - ¿Hago lo que siento o lo que creo que tengo que hacer?
    - ¿Qué primer paso puedo dar? Dar el paso te hará sentir confiado. El primer paso no te lleva adonde quieres ir, pero te saca de donde estás.

2. Expresa tus miedos como forma de liberación.
Escribe con la espontaneidad de un niño y sé consciente del origen de esos miedos. Al permitirte expresarlos, comenzarás a liberarlos.

3. Habla con tu niño interior.
Dile: «Confía, cariño, confía, sólo estamos avanzando hacia la felicidad, todo está bien. Yo estoy contigo. No hay nada que temer, la vida es un lugar seguro, la vida nos apoya».

4. Visualización «Liberar el dolor emocional».
Siento el miedo y de esta forma lo dejo ir.

13

La autoexigencia

La exigencia con uno mismo —yo prefiero llamarla *firmeza amorosa*—, que parte de las responsabilidades que tenemos como adultos, es algo sano. Nos ayuda a mejorar como personas, a avanzar, a adquirir nuevos hábitos que nos ayuden a ser disciplinados... Lo mismo ocurre con una autocrítica amorosa, ya que es importante saber ver nuestros errores, las cosas que podemos mejorar y las que no, aceptar nuestros fallos y aprender de ellos. Lo que no es sano es una autoexigencia exagerada que crea estrés, ansiedad, culpa... y que surge de ese niño interior herido.

En ese lado oscuro de la autoexigencia, en el fondo, lo que hay es una sensación de no valer y de que, por mucho que se haga, nunca es suficiente. Este tipo de reacciones son muy frecuentes en adultos que han sido «niños perfectos». Los buenos estudiantes de los que sus padres estaban muy orgullosos, esos niños que para sentirse aceptados no podían cometer ni un solo error.

Veamos a continuación las características de una autoexigencia insana:

1. Tener un lenguaje interno negativo del tipo: «Soy tonto, no hago nada bien. Ya me equivoqué otra vez, no valgo para nada».

2. Tener miedo exagerado a equivocarnos. Esto implica tener siempre un listón demasiado alto cuando nadie es perfecto, el error es parte de la vida y benditos son los errores que nos permiten aprender.

Hay una asignatura académica sobre la felicidad en la Universidad de Harvard y que imparte Tal Ben-Shahar, doctor en Psicología, donde se hace hincapié en la importancia de aceptar el fracaso. Según sus propias palabras, «fracasar es necesario para el éxito. Hoy las escuelas y las empresas no permiten el fracaso, pero estoy convencido de que es preciso aprender a fracasar, y fracasar para poder aprender». En mi opinión, si hay aprendizaje, no hay error y no existe realmente el fracaso. Hay experiencias que podemos considerar «fracasos» que era necesario experimentar para nuestra evolución, porque guardaban un aprendizaje para nosotros. Todo sucede por y para algo, no existe la casualidad.

3. Evitar cualquier reconocimiento a uno mismo, menospreciando cualquier logro al tener toda la atención puesta en el error (o supuesto error).

No se puede vivir solamente en la obligación y con una obsesión por ser «perfectos». Es muy habitual que, con estos altos niveles de autoexigencia, ésta pueda conducir a la inacción. Es posible que, ante el carácter inalcanzable de esos deseos de perfección, la persona acabe paralizada, incapaz de actuar por el miedo a fallar. Esto tendrá una triste consecuencia: la pérdida de oportunidades.

Por último, es posible que incluso la salud se vea afectada. El estrés que suele acompañar a la autoexigencia puede causar malestares como insomnio, problemas gastrointestinales, cansancio constante y tensión muscular.

Comienza a relajar con acciones tu autoexigencia exagerada, observa todo lo que has conseguido y felicítate por ello.

Acepta que nadie es perfecto, que todos podemos cometer errores y que lo importante es ir aprendiendo en el camino. Aprende a quererte y a valorarte y sé compasivo contigo mismo. No pienses en hacerlo perfecto, sino en hacerlo lo mejor posible, con los conocimientos, las habilidades y las actitudes de las que dispones en este momento. Sé consciente de lo que puedes mejorar sin subestimar tus éxitos y tus talentos y date el reconocimiento que mereces.

No se trata de convertirse en un adulto irresponsable. Todos tenemos responsabilidades, pero piensa en si hay cambios que puedes hacer, si puedes hacerte la vida más fácil. ¿Todo es prioritario? ¿Todo es para mañana? ¿Puedes introducir más momentos de descanso? ¿Más momentos lúdicos? No se puede vivir solamente en la obligación y con una obsesión por ser «perfectos».

Ejercicios

1. Cuida tu lenguaje interno y háblate con respeto y cariño.

Recuerda la visualización que te recomendé al comienzo de estas páginas («Visualización niño interior: yo puedo, yo valgo, yo sé»).

2. Transmítele el siguiente mensaje a tu niño-interior.

Imagina que te sientes invadido por la ansiedad porque has cometido un error. Decirle a tu niño interior esta frase o una parecida te calmará: «Es humano y normal equivocarse. No tienes que hacerlo todo bien. Equivocarnos nos permite aprender, es parte de la vida. No tenemos que ser perfectos para que los demás nos quieran. Yo te amaré siempre».

Seguidamente, practica la visualización «Liberar el dolor emocional» para serenarte, soltar la preocupación excesiva y poder pensar con claridad.

14

La culpa

> Cuanto más te conoces a ti mismo, más paciencia tienes para lo que ves en los demás.
>
> Erik Erikson, psicólogo

La vergüenza tóxica del niño herido surge de la falsa creencia de que hay algo malo en ti: «Me pegan porque soy malo», «Me chillan porque soy desobediente». Un niño no es capaz de entender —porque no tiene la madurez suficiente para hacerlo— que sus padres lo maltraten, lo insulten o lo rechacen sin motivo. Por eso piensa que tiene la culpa o que hay algo defectuoso en él en vez de reconocer la incapacidad de sus padres para amar.

Esta vergüenza tóxica del niño herido sigue conectada a nuestra vida adulta, creyendo que los demás nos faltan al respeto, nos rechazan o no nos tratan de una forma amorosa porque «hay algo malo en nosotros», lo cual nos aporta una sensación de poder.

Tenemos esta sensación porque en nuestra mente aparece un retorcido pensamiento, proveniente de la mente-ego, que nos da cierta «esperanza»: «Si es culpa mía que esta persona me rechace o me trate mal, cambiaré mi comportamiento y así me volverá a querer».

Esto es un intento de buscar la aprobación de los demás, pero, si no has actuado con intención de causar ningún agravio, tú no eres culpable de nada y no eres el responsable de los sentimientos de los demás por mucho que una persona se enfade contigo.

Hay verdades que duelen, pero, ante todo, suponen una liberación. Buscar la aprobación de nuestros padres (u otras figuras de autoridad como nuestros abuelos, tíos, profesores...) era necesario para el niño que fuimos. Sin embargo, ahora que somos adultos, empieza a darle a tu niño interior, o sea, a ti mismo, lo que buscas en los demás: la aprobación.

Tampoco manipules o te dejes manipular a través de la culpa, porque en ocasiones nos hacen un favor y ya nos sentimos en deuda con esa persona. A veces pensamos que los demás nos deben algo por lo que les hemos dado. Es un juego de culpas que proviene del ego, que nos hace creer en la frase «Con todo lo que hecho por ti...». Esto nada tiene que ver con el hecho de dar de corazón sin esperar nada a cambio. Creemos en relaciones unidas por el amor, no por la culpa: «Te estoy agradecido, pero no te debo nada».

Ahora supongamos que has hecho algo de lo que te consideras culpable porque no tuviste una actitud honrada. Lo que ahora te parece un error no te lo pareció en el momento en que lo hiciste. Puede ser que te empujase a hacerlo el miedo, la inexperiencia, la ira, la impulsividad o simplemente la ignorancia. Todo ello son formas de inconsciencia con lo que llegamos a una conclusión: el error sucede siempre debido a la inconsciencia. Sin consciencia, no hay libertad. Recordemos que lo que está grabado en el inconsciente tiende a repetirse: muchas de esas actitudes por las que ahora te sientes tan culpable eran parte de tu información inconsciente y no pudiste comportarte de otra forma.

Imagina a una madre que es verbalmente violenta con sus hijos, se siente culpable por ello y quiere reparar ese comportamiento, lo cual, por supuesto, es necesario. Si indagamos en la infancia de esta persona, observaremos que de niña también sufrió maltrato. Esa rabia reprimida de su niña interior la proyecta ahora en sus hijos porque, al fin y al cabo, nos tratamos como nos han tratado.

De nada sirve culparse porque la culpa puede hacer que busques un autocastigo inconsciente. Se trata de hacernos responsables de esas heridas sin resolver y de sanarlas, aunque haya personas que miran sus propias heridas con desprecio, sin una mirada compasiva. Esto dificulta su sanación, porque, al rechazarlas, no se pueden hacer cargo de ellas. De nuevo, aparecen la culpa, la vergüenza o el enfado hacia sí mismos, lo cual dificulta la sanación. No se puede cambiar lo que no se acepta.

Igualmente, no juzguemos tan duramente a los demás. En muchas ocasiones lanzamos un juicio anticipado por falta de información. Una persona es mucho más que una conducta determinada: es el resultado de un conjunto de vivencias, pensamientos, sentimientos, miedos y heridas pertenecientes a la historia personal de cada cual. No quiere decir esto que debamos tolerar agravios, faltas de respeto ni manipulaciones, pero sí que podemos brindar a las personas una mirada más compasiva.

Cuanto menos te juzgues a ti mismo, menos juzgarás a los demás, y ésa es una de las bases para convertirte en un adulto amoroso. No vivas enclaustrado en pensamientos de juicio constante. A medida que te vayas queriendo, respetando y siendo más compasivo contigo mismo, la culpa disminuirá. El único error imperdonable sería no perdonarte.

Ejercicios

1. Pregúntate qué has aprendido de tus errores, para no volver a repetir la misma situación, y cuánta inconsciencia había en tu acción.

2. No manipules ni te dejes manipular a través de la culpa.

3. Actúa de manera consecuente, si puedes hacerlo, para reparar el daño, aunque sea disculpándote.

Si no es posible ninguna acción reparadora, suelta el pasado y perdónate.

4. Pon en práctica la visualización «Liberar el dolor emocional».

Mantente alerta con las resistencias a sentir las emociones para poder superarlas.

15

El sufrimiento

Al dolor emocional le solemos añadir más sufrimiento con nuestros pensamientos negativos. Por ejemplo, puedes estar atravesando un duelo por una ruptura sentimental y tener pensamientos negativos recurrentes del tipo: «Soy un desastre. ¿A mí quién me va a querer?», «Me voy a quedar solo», «No valgo lo suficiente».

Observa tus pensamientos negativos y no les des más fuerza; de lo contrario, afectarán a tu ánimo, a tu salud mental e incluso a tu salud física. La negatividad mental constante puede provocar dolor de cabeza, taquicardias, cansancio, tensión muscular, insomnio, ansiedad y hasta depresión.

Los pensamientos en los que te enfocas crean una nueva red neuronal, que va creciendo hasta que se vuelve automática. En muchas ocasiones, nos centramos en lo «negativo» y esto se vuelve un hábito muy dañino, una obsesión. Nuestro cerebro se encarga de mantenernos vivos, de protegernos de todo aquello que pueda interpretar como amenazante. Es algo ancestral: éramos cazadores y una persona que ignoraba un peligro, como un depredador, podía exponerse a la muerte. Así que la mente, desde épocas remotas, tiene tendencia a focalizarse en lo negativo.

Debemos bloquear esas obsesiones mentales. La práctica de Ho'oponopono como forma de meditación es una ayuda inestimable, puesto que la meditación es la manera más útil de descansar de los pensamientos negativos de la mente. Se trata de que tu mente sea tu aliada, no tu enemiga; de esta forma, dejarás de aportar pensamientos negativos a la situación y podrás mantenerte centrado en el aquí y ahora, manejando el dolor emocional pero sin intensificarlo con el incesante parloteo mental.

Quizá estés atravesando un momento vital complicado, pero incluso en esas situaciones adversas habrás observado que un día te sientes más tranquilo, más confiado, y que tu perspectiva de la situación es más esperanzadora, pero, al día siguiente, sin que el problema haya mejorado, la angustia te embarga. ¿Cuál es la diferencia? La mente. Un día estás más distraído haciendo actividades que te aportan placer, meditando o practicando Ho'oponopono. Son actividades que hacen que la mente se te llene de pensamientos positivos, con lo cual genera sentimientos de coraje, valentía y fe. En cambio, otro día que te resulta más aburrido, estresante o tedioso, vuelven acudir a ti pensamientos negativos recurrentes sobre un futuro lleno de sombras y te invaden la desesperanza, la frustración, la rabia o la tristeza.

Realmente lo que llamamos problemas son grandes oportunidades para mejorar nuestra vida. Podremos tomarla o no, pero la oportunidad está latente. No es tan importante lo que ocurre en el exterior como la serenidad interior. Desde ahí, todo se ordenará de la mejor manera, en el momento correcto e ideal. Recuerda que las emociones dolorosas también generan pensamientos negativos. A su vez, este pensamiento retroalimenta la emoción, por lo que sentir las emociones dolorosas como forma de liberarlas tendrá un efecto beneficioso para transformar ese diálogo interno.

Dedicarte frases motivadoras ayuda a salir de los bucles de negatividad. Si hay algo que hacen muchos deportistas es motivarse en voz alta, darse mensajes de ánimo y de superación. Hablar con uno mismo desarrolla la capacidad de pensar con mayor claridad. Damos paso a esa voz interior más calmada y segura, ganamos en perspectiva y relativizamos los pensamientos negativos y rumiantes. Pueden ser mensajes hacia ti mismo que expresas en voz alta como los siguientes: «Me he esforzado mucho para llegar aquí y nada me va a parar. Sigo adelante», «Yo puedo, ¡claro que puedo!», «Me lo merezco», «Conecto con mi fuerza, que es mucha, ¡vamos!», «A ver, Luis, céntrate, relájate y busca una solución, que siempre la hay».

Para evitar el sufrimiento mental innecesario y el desánimo que conlleva, todo lo que te aporte alegría, calma y disfrute será una valiosa ayuda. Hablamos de actividades que impliquen mimarte y que te causen bienestar, de agendar un tiempo diario para ti, porque en los pequeños hábitos cotidianos es donde podemos encontrar una gran felicidad. Por ejemplo, escucha música que te guste, ve al gimnasio, baila, queda con un amigo o una amiga para charlar, pasea por la naturaleza, déjate acompañar por un buen libro, medita... ¿Qué te hace sentir alegre y expandido? La felicidad son hábitos.

Sé feliz hoy y ahora sanando tu pasado, disfrutando del momento presente y mirando con confianza el futuro.

El alma se nutre de la meditación, del silencio, de nuestra práctica de Ho'oponopono, pero también de la belleza, de contemplar el cielo estrellado, de deleitarte con una hermosa canción, de la lectura, de escribir un poema..., de cualquier tipo de arte que te inspire. Cantar, reír, conectar con otra persona a través de la mirada, un abrazo, una caricia... Atesora esos momentos, da un espacio preferente en tu vida a todo lo que te llene y te refresque el alma.

Tu niño interior te lo va a agradecer. Busca diariamente los pensamientos, las emociones y las acciones adecuadas que te permitan sentir un mayor bienestar emocional.

Otros antídotos contra el sufrimiento son la gratitud y la aceptación. Por un lado, la gratitud nos hace más fuertes psicológicamente: aumenta nuestra capacidad de resiliencia y, con ello, nos recuperamos de manera más efectiva ante la adversidad; mejora el estado de ánimo, reforzando así la autoestima, y reduce los pensamientos negativos, el pesimismo y el victimismo, con lo que nos ayuda a relativizar los problemas. Una persona que no practica el agradecimiento, por muchos tesoros que tenga en su vida, nunca tendrá suficiente porque su atención siempre estará puesta en lo que le falta, aunque sea mínimo, en vez de agradecer todas las bendiciones de las que sí disfruta.

Quizá por tus circunstancias actuales y tu grado de negatividad —y no te juzgues por ello, sé compasivo contigo— puedas pensar: «Yo ahora no tengo mucho que agradecer, más bien nada», y es comprensible. Todos, en algún momento de la travesía, nos hemos podido sentir desmotivados, con la fe perdida y el alma a tientas. Pero siempre hay algo que agradecer. Por ejemplo, si estás viviendo un proceso de enfermedad, puede que tengas también a tu alrededor a personas que te cuidan y te quieran o que tengas una situación económica holgada y ganas de vivir. Puede que incluso hayas empezado a ver la vida de otra forma gracias a la enfermedad, quitándole importancia a problemas triviales y hayas crecido personalmente.

Puede que te encuentras sin empleo y con problemas económicos pero tengas un techo bajo el que vivir, agua corriente y luz, salud mental y física para remontar y salir adelante y amigos y familia. Siempre hay algo que agradecer. Si ves que sólo te quejas y te lamentas, automáticamente deja de pensar en lo que no tienes y piensa en lo que sí tienes;

agradece y te alejarás del pesimismo. Desarrolla buenos hábitos mentales: no seas un títere del ego y su insatisfacción constante.

La aceptación es otro de los antídotos contra el sufrimiento. A veces nos aferramos a una idea de cómo debería ser la vida o cómo deberían ser las cosas, lo cual nos genera insatisfacción y frustración. La aceptación, en cambio, nos ayuda a liberarnos de las expectativas que no se han cumplido y a enfocarnos en la realidad actual, en el momento presente. Acepta lo que sucede en tu vida en este momento con absoluta honestidad, aunque te pueda producir dolor.

Ojo, aceptación no es lo mismo que resignación. La resignación es apatía, parálisis. Y la aceptación, por el contrario, es movimiento, cambio. Si luchas contra lo que sea, generarás rabia, frustración, victimismo, tristeza... y el problema no se resolverá. Pero si, en cambio, aceptas esa situación problemática y no emites un juicio, cancelarás la emoción negativa. Esto deriva en un sentimiento de mayor calma y un cambio interno que se refleja en el exterior.

Cuando aceptamos y dejamos de pelearnos con la vida, no sentimos una felicidad repentina. La situación que nos desagrada continúa ahí, pero nuestra percepción ha cambiado, de modo que hay una transformación interna. Esa mayor templanza aquieta la mente, mejora el ánimo y, ya que «tal como es dentro es fuera», cuando tú cambias, la realidad externa cambia. Si dejamos de perder el tiempo y la energía juzgando si es adecuado o no, podremos retomar nuevamente el control de nuestra vida y hacer los cambios necesarios.

Ahora podrá emerger la inspiración para saber cómo afrontar una situación determinada, llegarán nuevas ideas que antes no tenían espacio en tu mente para manifestarse porque había demasiado ruido en ella, invadida como estaba por los «debería» y los pensamientos de frustración e impotencia. La solución llegará porque se empezarán a abrir nuevas posibilidades.

La aceptación significa cambio. Se hace imprescindible entrenar el cerebro para que ponga la atención en cada oportunidad, recurso y aspecto positivo de la vida. La vida es un regalo hermoso, de modo que no la reservemos para las «grandes ocasiones»: disfrutémosla desde ya mismo.

Ejercicios

1. Observa tus pensamientos negativos y no les des más fuerza. Práctica Ho'oponopono para aquietar la mente cuando detectes ese tipo de pensamiento.

Dedícate, incluso, frases motivadoras, expresándolas en voz alta: «Yo puedo, ¡claro que puedo!».

2. Comienza haciendo un listado de cosas agradables que puedes llevar a cabo en el día a día. Sal al encuentro de todo aquello que te genere bienestar y calma mental.

3. Fomenta emociones positivas, como la gratitud y la aceptación.

Escribe todo lo que haya en tu vida en este momento que sea digno de agradecer. También puedes llevar un «diario de gratitud» y escribir al final del día todo lo que sea motivo de agradecimiento, que seguro que es mucho. Priorizar la gratitud en tu vida te generará energía positiva, confianza y brillo.

16

El diálogo escrito

Hasta ahora hemos visto diferentes formas de conexión con tu niño interior. Una de las más sanadoras y reveladoras es el diálogo escrito, que te va a permitir arrojar luz sobre el origen de muchas de tus emociones dolorosas, bloqueos y creencias limitantes y también indagar sobre lo que le produce alegría a tu niño interior.

Voy a ilustrar lo que quiero decir con un ejemplo. En los cursos que imparto sobre la sanación del niño interior, hay personas que me plantean inquietudes de este tipo: «No sé por qué me cuesta tanto poner límites», «No sé por qué siempre soy tan complaciente», «No sé qué es lo que quiero hacer realmente», «No sé qué hay detrás de esta tristeza», «No sé qué hay detrás de este miedo realmente». Mi respuesta es siempre la misma: «Cuando dialogues con tu niño interior, hazle esa pregunta».

Si el niño interior se relaciona con el inconsciente y su «información oculta» y, además, representa la emoción, digamos que utilizamos el diálogo escrito para acceder al inconsciente y traducir la emoción en palabras. Realmente, todas las respuestas están en ti; lo que ocurre es que en muchas ocasiones hay tanto ruido mental que nos sentimos confusos y no oímos la respuesta. Otras veces simplemente no queremos saber la verdad por miedo a enfrentarnos a algún conflicto. Pero ya hemos visto que aceptar cómo son las cosas es el primer paso para la resolución del problema y para poder hacer los cambios oportunos.

Hay algunas actitudes importantes en el diálogo escrito:

- No des nada por hecho; indaga. El niño interior se relaciona con tu inconsciente y hay información que puedes extraer del diálogo escrito que te puede sorprender. Es importante no creer que ya sabes lo que te va a decir tu niño interior, porque es probable que sea una racionalización, sobre todo, si se trata de una situación que te turba particularmente.
- Escuchar atentamente y con respeto a uno mismo y a los demás es una de las claves para amarnos y amar, así que escucha con atención, con respeto y sin juicio, a tu niño interior.
- No dudes, no te lo estás inventando.
- Dialoga sin prisa, en un momento en que puedas estar tranquilo, y dedícale el tiempo que necesites. Sé afectuoso con tu niño interior y dile estas palabras o unas parecidas: «Quiero escucharte, estoy aquí para ti. Te quiero, te valoro y te escucho. Exprésate libremente». Si tu niño interior se niega a hablar contigo, persevera en la conexión con otras herramientas. Sé paciente, gánate su confianza y esa comunicación por escrito llegará.
- Pregunta con la mano dominante (adulto), es decir, con la que escribes normalmente. Responde con la mano no dominante (niño). Es decir, si eres zurdo, escribe con la mano derecha y si eres diestro, usa la izquierda. De esa forma, dejarás que tu niño interior se exprese fácilmente, porque estarás activando una zona del cerebro que no sueles usar, lo cual puede permitirte acceder a tu inconsciente.

Al escribir con la mano con la que no sueles escribir, la letra te saldrá un poco ilegible, pero no te preocupes: entenderás el mensaje. Te va a sorprender toda la información que tu niño interior tiene para ti si estás dispuesto a escucharlo.

Veamos a continuación qué temas podemos abordar en el diálogo escrito:

1. Sentimientos dolorosos.

- «¿Cómo te sientes?»
- «Sé que estás enfadado, pero me gustaría oír tu enfado.»
- «¿Por qué estás triste?»
- «¿Por qué te da tanto miedo poner límites?»
- «¿Cómo te sientes en respecto a... [persona, situación...]?»
- «¿Te estoy abandonando de algún modo?»
- «¿Te sientes cuidado por mí?»
- «¿Por qué necesitas que lo hagamos todo perfecto?»
- «¿Por qué a veces tienes tanta ansiedad por comer?»
- «Te noto asustado, ¿qué es exactamente lo que te produce miedo?»

2. Como ya hemos visto, a veces hay **situaciones presentes que nos conectan con vivencias de la infancia** y crean sensaciones de malestar, miedo, ira, odio...

- «¿Por qué te duele tanto esto? ¿Te recuerda a algo que sucedió en tu infancia?»
- «¿Te recuerda esta persona a... (tu madre, tu padre, tu hermano, tu hermana...)?»

3. Indaga en la infancia. Muchas personas no tienen muchos recuerdos de la ella. Con el diálogo escrito podrás acceder a gran parte de esas vivencias olvidadas.

- «¿Quieres contarme algo que te dolió en la infancia? Yo te escucho, estoy aquí para ti y quiero ayudarte a sanar ese dolor del corazón.»

4. Diversión.

- «¿Qué quieres hacer este fin de semana?»
- «¿Qué quieres que hagamos para divertirnos más?»
- «¿En qué momentos te sientes más feliz y expandido?»

Veamos ahora algún ejemplo de diálogo escrito:
Diálogo 1

ADULTO: ¿Cómo te sientes hoy?

NIÑO: Triste.

ADULTO: ¿Qué te ocurre, pequeño?

NIÑO: Estoy cansado, aburrido y muy triste. Nunca hacemos nada para divertirnos, sólo trabajar y trabajar. No tengo ganas de nada.

ADULTO: Te entiendo y respeto que te sientas así. Tienes razón, hemos trabajado demasiado este tiempo. Siento que estés triste. Cariño, ¿cómo podría ayudarte a sentirte mejor? [El adulto ha de ser cariñoso y comprensivo con el niño.]

NIÑO: Vamos a un lugar bonito a pasear, a jugar y a dormir.

ADULTO: Bien, suena muy bien. A ver qué te parece esto: voy a tomarme un día libre esta semana para disfrutar contigo. Nos iremos a la playa, dibujaremos, porque sé que te divierte, y veremos a Virginia, que sé que te gusta estar con ella. [Llegas a un acuerdo.] ¿Te parece buena idea?

NIÑO: Bueno... [Aún tiene dudas. Es probable que el adulto haya pasado por alto en varias ocasiones su necesidad de descanso y diversión y el niño interior ya no confíe en el adulto, es decir, el adulto ya no confía en sí mismo.]

ADULTO: A partir de ahora voy a buscar más tiempo libre para jugar, reír y hacer lo que nos gusta. Confía en mí. Es cierto que he trabajado demasiado y te he tenido desatendido. Perdóname. Voy a estar más atento a ti, voy a pasar más días contigo. Buscaré muchos momentos para estar juntos. Voy a hacerlo a diario, lo voy a planificar. Seguiré trabajando, pero te cuidaré más. Quiero que estés bien y que seas feliz. Eres un niño maravilloso y te quiero mucho.

NIÑO: Gracias, ya me siento mejor.

El adulto ya tiene la información de que necesita descanso y momentos lúdicos. Ahora su parte adulta se compromete a llevar a cabo esa acción amorosa para alcanzar un mayor bienestar; se compromete a llevar a cabo una acción que ha de cumplir para ganarse la confianza de su niño interior.

Es importante que hagas promesas sinceras a tu niño interior, acciones que realmente puedas cumplir, para que no se sienta traicionado. Quizá en este ejemplo de diálogo el adulto no hubiera podido tomarse un día libre para descansar, pero sí concluir la jornada laboral más temprano y, poco a poco, ir haciendo cambios que le permitan disfrutar de más tiempo para sí mismo. Si no lleva a cabo la acción, estará desatendiendo una necesidad vital, no estará cuidando a su niño interior y éste seguirá triste, es decir, el adulto seguirá sintiéndose triste, cansado y aburrido.

Diálogo 2

ADULTA: ¿Cómo te sientes respecto a Mikel? ¿Te gusta estar con él?

NIÑA: Bueno..., a veces.

ADULTA: ¿Por qué a veces?

NIÑA: Porque en ocasiones me siento un poco ignorada. Hace unos días dijo que vendría a vernos y no lo hizo o dice que nos va a llamar y no lo hace. Y a veces nos habla brusco y eso no me gusta.

ADULTA: Vaya, lo siento. No sabía que te sentías tan incómoda. Pero me estás diciendo que te gusta estar con él a veces, ¿no?

NIÑA: Es que si no me siento sola porque tú no me haces mucho caso. Cuando él está y es amable me hace sentir bien. Cuando nos ignora me siento abandonada.

ADULTA: ¿Así que no te sientes querida por mí? Lo siento, no sabía que te sentías tan sola, perdóname. Pero sí te quiero, eres una niña fabulosa, perdóname por tenerte desatendida.

NIÑA: Es que dices que me vas a cuidar pero muchas veces te olvidas de mí y te ocupas de Mikel antes que de mí.

ADULTA: Siento haber antepuesto a Mikel a ti. ¿Cómo podría ayudarte a que te sientas mejor?

NIÑA: Haciéndome más caso, hablándome más, pasando más tiempo conmigo y no yendo siempre detrás de Mikel, que sólo nos quiere cuando le interesa.

ADULTA: Te noto enfadada. ¿No quieres que sigamos viéndolo?

NIÑA: Sí, estoy enfadada, ¡con él y contigo! ¡Quiero que me veas a mí primero, que me cuides, que me escuches y que, cuando Mikel tenga un comportamiento que nos enfade, se lo digas y no te quedes callada como hacía mamá con papá! [Es decir, la niña interior está enfadada con la adulta, que es lo mismo que decir que la adulta está enfadada consigo misma por no hacerse respetar.] Y cuando papá me hablaba mal tampoco me gustaba. Ahora, cuando Mikel nos habla mal, me recuerda a papá y me asusta.

ADULTA: Lo siento, pequeña, tienes razón: no te he defendido, no te he protegido, no he sabido poner límites a Mikel como debería. A partir de ahora, lo voy a hacer. Te mereces respeto y sí, he sido sumisa como lo era mamá con papá y me doy cuenta de que buscaba la aprobación de Mikel, ignorándote a ti. Lo siento de verdad, no volverá a suceder. Y, además, voy a pasar más tiempo contigo, porque veo que necesitas más atención. ¿Te parece que este sábado nos vayamos a la playa?

NIÑA: Sí, me gustaría. Solas tú y yo. Pero ¿lo harás? [La niña desconfía.]

ADULTA: Me comprometo a ello y seguiremos dialogando. Soy consciente de que es hora de atenderte y quererte mucho más. Gracias por hacérmelo ver. Te quiero, pequeña, no estás sola. Yo estoy aquí contigo.

La adulta ha tomado consciencia de cómo estaba abandonando a su niña interior, es decir, a sí misma, imitando la relación de pareja de sus padres, siendo sumisa, no poniendo límites y no respetándose. Igualmente, ha podido conectar con un enfado consigo misma por no hacerse respetar. Se ha comprometido a cambiar de actitud y es importante que lo haga si quiere que aumenten su autoestima y su bienestar emocional.

El niño interior (emoción) te hace ver dónde está el conflicto y el adulto (razón) pasa a la acción para resolver la situación.

Ejercicio

Comienza a practicar el diálogo escrito y, si tu niño interior no se comunica mucho, ten paciencia. Poco a poco se abrirá a ti. Dialogar es cuestión de práctica.

17

El diálogo con tu yo superior

> No trates, por lo tanto, de cambiar el mundo: elige más bien cambiar de mentalidad acerca de él.
>
> Dra. Helen Schucman,
> *Un curso de milagros*

Llevamos mucho tiempo escuchando la voz del ego, que nos cuenta muchas mentiras. La voz del pensamiento puede ser muy despiadada. Pero ¿qué pasaría si escuchases la voz de tu yo superior? De tu parte sabia, de tu energía de amor. Date el permiso para conectar con esa sabiduría innata que hay dentro de ti. El diálogo escrito es una herramienta que se emplea con frecuencia para conectar con tu niño interior, pero no siempre se plantea la propuesta de dialogar también con esa parte sabia dentro de ti. Sin embargo, es realmente terapéutico y muy revelador.

El hecho de hablar con tu yo superior es algo que empecé a practicar después de leer el libro de Margaret Paul y Erika J. Chopich, *Cura tu soledad*, dedicado a la sanación del niño interior. Por mi propia experiencia, cuando dialogas con tu yo superior, con esa parte sabia dentro de ti, se produce un cambio de perspectiva. Es como cuando hablas con un terapeuta o un amigo y te dicen algo que provoca un cambio en tu forma de interpretar la situación. Ya puedes observar de forma más objetiva lo que te preocupa y relativizar sin caer en dramas innecesarios, pero, al mismo tiempo, sin negar lo que pueda estar sucediendo.

La forma de dialogar con esa parte sabia dentro de ti es la misma: preguntas con tu mano dominante y respondes con la mano no dominante. También debes confiar en que no te inventas las palabras de tu yo superior. Además, si te habla el ego, lo sabrás, porque no es una respuesta que vaya a darte sosiego. Por el contrario, la voz de tu yo superior siempre te calma y te infunde aliento y paz, puede sugerirte una acción que suponga un reto para ti, pero nada que no estés preparado para llevar a cabo.

Se trata de alejarnos de esa mirada egoica que todo lo interpreta en clave de sufrimiento. Al fin y al cabo, la felicidad tiene que ver, más que con lo que sucede, con la interpretación que hacemos de lo que sucede. El ego quiere que veamos el mundo a través de la culpa, el miedo, el resentimiento, el orgullo, el victimismo..., lo cual crea un conflicto interno que se refleja en nuestra realidad en forma de desarmonía. Nosotros, lo que realmente somos, elegimos ver el mundo con los ojos inocentes y puros de nuestra esencia divina, libre de cualquier limitación humana, y, de esta forma, la percepción de un mundo oscuro, triste y peligroso cambiará para siempre. Cuando cambias de percepción puedes comenzar a vivir una nueva vida desde la inocencia de tu espíritu y permitirte una apertura del corazón nunca antes experimentada.

A continuación te dejo algunas preguntas para tu yo superior:

- ¿Cuál es la verdad más elevada sobre esto que me estoy diciendo?

- En esta situación, ¿cuál sería la acción más amorosa para mí en este momento?
- ¿Qué haría el amor aquí?
- ¿Qué puedo decirle a mi niño interior que sea amoroso y sea verdad?

Veámoslo con un ejemplo de diálogo escrito:

ADULTO: Hola, pequeño, me gustaría escucharte. ¿Por qué tienes tanto miedo de este cambio de trabajo? ¿No te gustaría que nos dediquemos a lo que hemos soñado toda la vida? Te noto asustado. [El adulto es consciente de un miedo y decide indagar.]

NIÑO: Sí, sí. Me gustaría, pero me da miedo.

ADULTO: ¿A qué tienes miedo?

NIÑO: A hacerlo mal y fracasar y que los demás nos vean como fracasados.

ADULTO: ¿Quiénes son los demás?

NIÑO: Todos. Pero sobre todo los papás. Ya no estuvieron de acuerdo con nuestro trabajo de ahora, pero lo aceptaron porque ganamos dinero. Si nos cambiamos de trabajo y fracasamos, seremos unos perdedores y no quiero que me vean así: me sentiré insignificante. Bueno, siempre me he sentido así con ellos.

ADULTO: Te entiendo, cariño. Tienes miedo al juicio de papá y mamá. Pero tú no eres insignificante y yo te querré siempre, pase lo que pase. Tú eres muy valiente y no eres ningún perdedor. Eres bueno, noble, inteligente, maravillosamente creativo y, además, ya hemos crecido. No necesitamos la aprobación de mamá o papá. [El adulto toma consciencia de dónde está el origen de ese miedo: fracasar a ojos de sus padres.] El único fracaso real es no intentar las cosas. Si hay aprendizaje, no hay error, y yo siempre te querré, pase lo que pase, y estaré orgulloso de ti.

Y voy a estar contigo en el proceso de cambio. ¿Te parece bien?

NIÑO: Sí. Eso me calma, que estés conmigo y hables mucho conmigo, aunque aún estoy asustado.

El adulto no sabe qué más decir para calmar a su niño interior y decide preguntarle a su yo superior. Simplemente has de cambiar la dirección de la pregunta a tu yo superior. Puedes decir algo así: «Yo superior, divinidad [como tú lo quieras expresar], ¿qué podría decirle a mi niño que fuese amoroso y fuese verdad?».

YO SUPERIOR: La valía de una persona no puede basarse en lo que piensen los demás, que, por cierto, tampoco están pensando siempre en ti. Sigue el dictado de tu corazón, tu alegría y tu pasión, porque son indicadores de que es el camino correcto y perfecto. Vive el miedo con naturalidad. Es algo nuevo, hay incertidumbre. Todo el mundo tiene miedo. La solución es aceptarlo e ir caminando a pesar de él. El miedo siempre es peor en la mente, de modo que pasa a la acción y comunica tu decisión a tus padres sin postergarlo más por evitar el conflicto. Si a tus padres no les gusta tu cambio de trabajo, piensa que si tú estás convencido, transmitirás esa confianza y será más fácil que te apoyen. Si no lo hacen, ya eres adulto, no necesitas su aprobación. Sigue conectado con tu niño interior y, si experimentases tristeza por la falta de apoyo y comprensión, siente esa tristeza para poder gestionarla y sigue caminando.

Cuando una persona sigue lo que le dicta el corazón, siempre surge algo correcto y perfecto. Tu autoestima crecerá por el mero hecho de haber tenido el coraje de perseguir tus sueños. Sé libre para hacer o ser lo que tú desees, no lo que los demás esperan de ti, y pon la atención, más que en lo que pensarán tus padres, en la ilusión de este nuevo camino que emprendes. Haz una lista de todo lo positivo de este cambio y explícasela a tu niño interior. Disfruta desde ya mismo.

El adulto y el niño sienten una paz mayor por haber escuchado a su parte sabia, que les ha cambiado la perspectiva de la situación. El adulto sabe cómo afrontar este miedo, qué acciones se requieren; en este caso, comunicar a sus padres su decisión sin postergarlo más y depositar más la atención en la ilusión del cambio que en el miedo.

Así que déjate acompañar por tu niño interior y por tu yo superior, porque tendrás, además de claridad en el origen de tus conflictos, una mayor capacidad de gestionarlos. Escucha tu voz interior, deja que sea tu guía a la hora de actuar. En la conversación con nuestro niño interior y nuestro yo superior podemos descubrir qué queremos realmente y qué podemos hacer en relación con lo que nos preocupa, sin necesidad de mantener ese hábito de buscar continuamente las respuestas fuera de nosotros. En ocasiones nos sirve de ayuda, por supuesto. Pero si de pequeños no nos sentíamos escuchados, ahora que somos adultos podemos seguir reafirmando ese comportamiento aprendido, esperando que sea otra persona quien nos dé la respuesta a la pregunta que no nos deja dormir, cediendo nuestro poder personal y mermando la confianza en nuestra intuición y nuestra sabiduría.

Ejercicio

Dialoga con tu niño interior y tu yo superior y observa que al acabar sientes más paz. Lleva a cabo la acción necesaria que se requiera para solucionar la situación.

El diálogo es cuestión de práctica. En un principio puede parecer algo complicado o confuso, pero, a medida que vayas practicando, se volverá algo natural y la información llegará más fácilmente.

Hazlo con la inocencia de un niño, sin expectativas, como un juego. No pierdes nada por probar.

18

Los padres

Cuando éramos niños necesitábamos unos padres amorosos que nos hicieran sentir seguros y protegidos. Sin embargo, en muchas ocasiones, ellos mismos fueron niños heridos y no pudieron darnos todo el amor que necesitábamos. La consecuencia de esto es que el niño se siente rechazado, abandonado, solo, desprotegido y, según cómo sea su infancia, también maltratado. A medida que va creciendo, siente miedo a ser rechazado y abandonado si no cumple las expectativas que sus padres han depositado en él. Para los niños, el abandono por parte de sus padres equivale a «muerte» porque son dependientes.

Como ya hemos visto al abordar los personajes del ego, una consecuencia de esto es que nuestro yo esencial, nuestra esencia y nuestra autenticidad, se va escondiendo y empezamos a adoptar un personaje, una máscara, como mecanismo de defensa; cualquier cosa por agradar a nuestros padres, encajar y sobrevivir en el entorno familiar.

Mucho de lo que te han dicho que era una educación justa realmente no lo era. Puede que tus padres te avergonzasen, te ignorasen y te rechazasen y tuvieras que aceptar el hecho de que esas cosas te hirieron profundamente. Están la burla, la desatención, hacerte responsable de cosas que no te correspondían porque sólo eras un niño (como cuidar a todos tus hermanos pequeños), ser más un padre o una madre de tus propios padres que un hijo, compararte constantemente con tus hermanos, tener unos padres emocionalmente ausentes o la tensión de presenciar constantemente sus peleas, por no hablar de abusos verbales o físicos.

No obstante, no hay que llegar a este último extremo de abusos verbales o físicos para que el niño que fuiste tenga heridas sin resolver por el trato que recibió de sus dos «dioses», papá y mamá. Ya he matizado que hay otras figuras que pueden cobrar gran importancia en la infancia, como abuelos, hermanos, profesores, tíos..., pero las más relevantes para el niño son sus padres. También puede darse el caso de unos padres presentes, amorosos, atentos y comprensivos, pero en muchas ocasiones no es así. Debemos tener en cuenta asimismo el «vínculo de fantasía», que viene a decir que todos los niños idealizan a sus padres.

Como ya mencioné en el capítulo de la culpa, el niño puede pensar que él es el responsable de cualquier gesto desaprensivo o maltrato que pueda recibir por parte de sus padres. Esto es un mecanismo de defensa, porque el niño no tiene los recursos emocionales necesarios para afrontar la realidad de que sus padres no son amorosos con él. Yo le diría a ese niño que sus padres no eran «malos», sino que ellos mismos eran niños heridos, pero es importante que te pongas del lado de tu niño interior y le permitas expresar la rabia y la tristeza por todas las necesidades que no fueron satisfechas.

No te planteo este ejercicio desde el juicio, sino desde la sinceridad de reconocer que hubo actitudes por parte de tus padres que te pudieron herir. Si ellos también eran niños heridos y no sabían amarse a sí mismos, ¿cómo iban a amarte a ti? ¿Cómo se puede dar lo que uno no tiene? Tu parte adulta y racional lo entiende y es sano que así sea, pero tu parte emocional (niño interior) puede sentir mucho dolor respecto a todo lo que sucedió en la infancia con tus progenitores. Permitirle expresar esas emociones dolorosas al niño interior es el primer paso para sanar la relación con los padres, algo vital para sentir paz en el corazón.

Además, tanto la figura del padre como la de la madre están relacionadas con todas las facetas de la vida. El padre representa autoridad, firmeza y decisión. De él tomamos la fuerza para conseguir nuestras metas, atrevernos a perseguir nuestros sueños y poner límites sanos. La madre representa nuestra relación con la vida, el disfrute y el dinero. La madre es la nutrición, el sustento.

Si tú mismo eres padre o madre, no te sientas culpable. No existen los padres perfectos. La educación y la crianza de los hijos conlleva muchos desafíos, y el mero hecho de que estés cuidando a tu niño interior, mirando dentro de ti con honestidad y valentía, con la intención de escucharte, comprenderte, quererte y sanar, te hará ser mejor padre o madre.

Te será de mucha utilidad plantearte las siguientes preguntas en cuanto a la relación con tus padres y la educación de tus hijos: ¿cómo te trataban tus padres?, ¿cómo te tratas a ti mismo?, ¿cómo tratas a tus hijos?

Ya hemos visto que nos tratamos como nos han tratado. Pongamos como ejemplo a una persona que de niña no recibió ningún tipo de reconocimiento por parte de sus padres, es decir, no se reforzó en ella el sentimiento de valía cuando hacía bien las cosas. A esa persona, de adulta, le va a suponer un gran esfuerzo darse reconocimiento a sí misma.

Respecto a la pregunta de cómo tratas a tus hijos, en muchas ocasiones, descubres que lo que te molestaba de tus padres ahora lo repites tú con tus propios hijos. No obstante, puede ser por imitación o por rebelión. Por ejemplo, puedes ser igual de exigente con tus hijos que tus padres contigo o irte a la actitud contraria por rebelión y ser un padre o una madre excesivamente permisivo. Cuando uno mismo se descubre en esas actitudes que tanto juzgó, puede caer en el error de sentirse culpable. Si fuera tu caso, recuerda la compasión hacia ti mismo, porque realmente no pudiste hacer otra cosa: eso es lo que aprendiste. Ahora que has tomado consciencia, eres libre para cambiar esas conductas y educar a tus hijos a partir de tu propio criterio, libre de patrones aprendidos y repetidos de forma inconsciente.

Ejercicios

1. Comienza a hacer un ejercicio de sinceridad contigo mismo y recuerda la relación con tus padres durante tu infancia, centrándote ahora en esos acontecimientos que viviste con pesadumbre.

¿Qué te faltó por su parte? ¿Qué te molestó? ¿Qué te dolió?

2. Hagamos un ejercicio sanador: «Cartas de liberación».

Puedes practicarlo con tus padres, estén vivos o no. Al fin y al cabo, es un ejercicio contigo mismo para tomar consciencia de si tienes emociones reprimidas dolorosas pendientes de expresar. Debemos ser conscientes de nuestras heridas emocionales y evitar negarlas, pues, cuanto más tiempo esperemos para sanarlas, más se agravarán.

Pero antes voy a hacer una reflexión. El objetivo de este ejercicio es liberar el dolor de la infancia, pero ¿qué ocurre si una persona adulta, uno de los progenitores, le falta el respeto al niño? Por ejemplo, imaginemos a unos padres o madres manipuladores que creen que sus hijos les pertenecen y que son sus «esclavos». Es importante detectar la manipulación y no entrar a ella.

Es fundamental que las personas que tienen este conflicto normalicen la rabia que sienten hacia sus padres, porque todo ser humano tiene su deseo de independencia e individualidad. Este tipo de padres o madres quieren hacer sentir culpable al hijo por ese deseo o impulso de independencia que tiene. Cuando este tipo de progenitores perciben que el hijo está queriendo ser independiente y marcar su individualidad, se ponen agresivos o intentan manipularlo haciéndolo sentir culpable. Si este fuera el caso, es importante, como en cualquier relación, que dicho hijo responda con firmeza poniendo límites asertivos.

El ejercicio que detallo a continuación te ayudará a soltar la tristeza y la rabia que pueda seguir dentro de ti, no sólo por lo acontecido en tu infancia, sino por lo que pueda estar sucediendo en tu vida adulta. Los padres, en ocasiones, son grandes maestros que nos enseñan la importancia de querernos, respetarnos y poner límites si es necesario.

Al hacer el ejercicio, no des nada por hecho. Normalmente, hay una idealización de uno de los progenitores y un mayor rechazo hacia el otro, pero ni la idealización ni la aversión son sanas. Permite que tu niño interior se exprese tanto con el padre como con la madre y dile: «Exprésate, cariño, quiero oír tu tristeza, tu enfado. Te permito expresarte libremente. Está bien hacerlo». Coger en brazos el muñeco que utilizas como forma de conexión te ayudará a dar voz a tu niño interior.

3. A lo largo de unos días, los que necesites, escribe una carta a tu padre y a tu madre expresando libremente toda la rabia, el enfado, la amargura, la vergüenza... que sientes. Olvídate de tu parte adulta, de tu lógica. Simplemente da voz a la emoción.

Escribe una carta a cada progenitor, pero no a tus dos padres a la vez. Primero, escríbele a uno y, seguidamente, al otro. Emplea el tiempo que necesites con cada uno de ellos.

Hay personas que tienen padres adoptivos y no han tenido relación con sus padres biológicos que me plantean la duda de si deben hacer este ejercicio también con sus padres biológicos. La respuesta es que sí. El niño interior (emoción) no entra a valorar las circunstancias de los padres biológicos para no hacerse cargo de él. En estas situaciones, el niño interior puede tener —de hecho, es frecuente que así sea— un sentimiento de abandono y rechazo que es necesario expresar para dejarlo ir.

Cuando escribas las cartas, comienza por la infancia, pero, si hay dolor pendiente de expresar de tu etapa adolescente, da también voz a ese dolor. Puedes escribir las cartas con la mano no dominante, como en el diálogo escrito; de esta forma, será más fácil expresar el dolor reprimido, ya que emergerá con mayor libertad la voz de tu niño interior (emoción).

Tus padres hicieron lo que pudieron, pero tienes derecho a lamentarte por lo que pasó y por las necesidades que no fueron satisfechas; has de soltar ese dolor. No te juzgues al hacerlo: pueden salirte insultos, es parte del ejercicio. No te sientas culpable, pues no hay una intención dañina y, por ello, el ejercicio no se hace con tus padres físicamente presentes (de lo contrario, lo que expresas podría resultarles ofensivo). Cuando le permitas a tu niño interior expresar la rabia o la tristeza, podrás ser mucho más objetivo, comprender a tus padres y verlos de forma más compasiva.

Acaba cada sesión siempre de esta forma: «Aun así te acepto y te reconozco como mi padre/madre, porque gracias a ti estoy aquí».

En muchas ocasiones, puedes sentir resistencias a hacer este ejercicio. Esto es algo que ocurre con frecuencia por esos vínculos de lealtad con los padres, como si expresar tu dolor fuera un acto pernicioso contra ellos. Observa esas resistencias y avanza a pesar de ellas. Hazte ese favor.

4. Seguidamente, cuando hayas acabado de expresar las emociones dolorosas, sigue escribiendo la carta, pero intenta ponerte ahora en el lugar de tus padres y comprenderlos.

¿Cómo fue su infancia? ¿Cómo los trataron sus propios padres? ¿Te educaron como los educaron a ellos? ¿Qué conflictos vivieron en su vida adulta? ¿Cómo se sentían emocionalmente? De esta forma, podrás ser consciente de que lo que hicieron fue lo único que podían hacer, a causa de sus propias experiencias vitales, sus heridas y su inconsciencia. Realmente, no pudieron hacer otra cosa; en ningún caso se trata de sentirnos superiores a nuestros padres y pensar que nosotros lo habríamos hecho mejor. Ese pensamiento egoico surge porque somos una persona diferente, pero, en su lugar, siendo quienes ellos eran, desde su psiquismo, habríamos hecho lo mismo.

En el extremo opuesto de las personas a quienes les cuesta reconocer que hay dolor reprimido respecto a los padres, están las personas que se quedan ancladas en el rol de víctimas, culpando a sus padres por todo lo que no funciona en su vida, lo cual resulta muy perjudicial por no asumir la responsabilidad de la propia existencia y crear un proyecto de vida saludable. Lidiar con los hechos dolorosos del pasado, en este caso, respecto a los padres, es necesario, pero en ningún caso para quedarnos estancados, sino para avanzar.

5. Gratitud.

Es momento de agradecer por lo mucho o poco que tus padres pudieron darte, porque al menos te dieron la vida. Siempre hay algo que agradecer. Quizá tengas la gran fuerza de tu madre y la perseverancia de tu padre. Además, aprovecha para rememorar momentos de felicidad que tus padres te aportaron, ya fueran muchos o pocos.

Por último, hazte una pregunta de vital importancia:

¿qué aprendizaje te han mostrado? Quizá fueran grandes maestros para aumentar tu amor propio y hacerte respetar, tomar tus decisiones libremente, defender tus propias opiniones, tus propias creencias y valores... Es importante ver que cada experiencia, cada relación, por dolorosa que pueda ser, lleva implícito un aprendizaje y, realmente, tus padres son tus primeros y mejores maestros.

6. Acéptalos como son.

Tal vez te hubiera gustado tener unos padres más cariñosos, comprensivos, espirituales, atentos, pero no se trata de cambiar a las personas, sino de aceptarlas como son, siempre que no haya una actitud dañina hacia ti, ante lo cual exigirías respeto. Aceptar a tus padres como son, con sus fortalezas y sus debilidades; aceptar la diferencia del otro, su dificultad, y respetarlo son las bases de un vínculo sano en cualquier relación.

Ya has crecido, eres adulto y no necesitas a tus padres; ya no dependes de ellos. Agradece todo el amor que provenga de ellos, pero ya puedes ocuparte de darte tú mismo amor, aprobación, afecto, reconocimiento y comprensión.

Para acabar el ejercicio, quema las cartas como símbolo de transmutación y lleva las cenizas a un río o al mar. Se trata de llevar a cabo un acto alquímico, un ritual poderoso, que te ayudará a soltar esa mochila llena de dolor de la etapa infantil que cargamos hasta que elegimos desprendernos de ella.

Sanar la relación con tus padres es esencial para sentirte en paz contigo mismo, tener una mayor confianza en la vida y crear vínculos de pareja armoniosos.

19

El reconocimiento

Un niño al que quieren desde el inicio de su vida se siente merecedor de ese afecto. Se valora al niño por quien es y por lo que hace y su autoestima se refuerza. Durante la infancia no es conveniente que los padres no les digan a sus hijos lo que hacen mal, porque pueden acabar creando un niño consentido que se acabe convirtiendo en un adulto narcisista. Sin embargo, si el niño ha crecido en un entorno donde le faltaba amor, puede pensar que no se lo merece.

Pasase lo que pasase, ahora es tu turno de sentirte merecedor de amor y, para ello, en lugar de centrarte en la crítica constante y poner toda tu atención en tus debilidades y defectos, hasta el desprecio a ti mismo, céntrate en todas esas virtudes que te hacen especial, valioso y único y que te han hecho llegar hasta donde estás hoy.

No somos perfectos, nadie lo es, pero se trata de aceptarnos tal y como somos, poniendo nuestra intención en mejorar como personas y sintiéndonos dignos y merecedores de amor en ese proceso de mejora y transformación.

Mi propuesta es que hagas un ejercicio de apreciación contigo mismo. Para ello, coge una hoja de papel y haz tres listas.

Primera lista

Escribe todas las cualidades que te gustan de ti: de esta manera, te verás de una forma más global y aumentará tu seguridad y tu autoestima. Anota características personales, como «Soy perseverante», «Me gusta ayudar a la gente», «Sé escuchar», «Tengo capacidad de organización», «Soy divertido», «Soy una persona honrada», «Soy inteligente»...

No olvides tus talentos; aquello que tienes facilidad para hacer, una capacidad que es natural en ti, no porque lo hayas estudiado. Son habilidades que siempre has tenido, desde que eras un niño.

Las características del talento son las siguientes:

- Estás tan concentrado en ello que las horas te parecen minutos, y los minutos, horas.
- Es algo que disfrutas tanto haciendo que lo harías gratis.
- Te sientes un privilegiado por el hecho de practicar esta actividad.
- Cuando lo llevas a cabo, te sientes conectado con el mundo, lleno de energía y feliz, y tu existencia cobra vida.
- La percepción de autoeficacia y competencia aumentan y, por consiguiente, la autoestima crece y se fortalece.
- Es una actividad que no sólo se realiza con un fin económico, sino por la satisfacción interior que produce. Está ligada a la motivación intrínseca.

Entonces, te pregunto: ¿cuál o cuáles son tus talentos?, ¿qué es lo que te hace vibrar?, ¿qué es lo que más te atrae?, ¿qué actividades te hacen sentir pleno, lleno de energía y feliz?

De hecho, recuerda las aficiones que tenías de niño, lo que más te gustaba hacer y te resultaba sencillo y natural. Esto te ayudará a identificar tus talentos. En la infancia, los talentos son evidentes, aunque no los hayamos desarrollado. Por ello, se aconseja a los padres que estén atentos para reconocer los talentos de sus hijos y favorecerlos.

Segunda lista

En otra lista recopila los elogios que recuerdes que te hayan dicho otras personas a lo largo de tu vida. No solemos pensar en esto, sobre todo, si somos personas con un autoconcepto pobre.

Asimismo, acostúmbrate a aceptar los halagos y el reconocimiento de los demás. Hay personas a las que les incomodan los cumplidos, pero ¿cómo atraer abundancia en todas las facetas de tu vida si no te sientes ni merecedor de un cumplido? Acepta el reconocimiento de los demás con gratitud y sentimiento de merecimiento y, si te incomoda, supera esa incomodidad y dile a tu niño interior: «Nos merecemos este halago. Es cierto, vales mucho».

Tercera lista

En un tercer listado, enumera cosas que te hagan sentir orgulloso de ti mismo (logros, actitudes ante alguna situación, retos superados...) y cuéntaselas a tu niño interior a medida que vayas escribiendo. Dale ese reconocimiento y evitarás que lo tenga que buscar siempre fuera.

Te estoy proponiendo muchos ejercicios prácticos para aumentar tu amor propio y sanar heridas, así que, llegados a este punto, quiero recordarte que el verdadero crecimiento personal supone destrucción y creación, es decir, dejar atrás todo lo que no eres para crear un nuevo yo más libre, auténtico, amoroso, seguro de sí mismo, audaz y confiado.

Quererse a uno mismo y comenzar a cambiar patrones de comportamiento, pensamientos limitantes y ciertas actitudes requiere perseverancia. Muchas personas emprenden un propósito con entusiasmo, trabajan por él un día, al día siguiente, una semana, un mes..., pero luego surge un pequeño contratiempo o no obtienen el resultado deseado y les vence el desánimo, tiran la toalla y ya no perseveran. Sin embargo, la perseverancia consiste en que, si logras trabajar en tu propósito tres días seguidos y los cuatros días siguientes no lo haces, volverás a trabajar en ello al quinto día. La perseverancia implica que, aunque el desánimo se apodere de ti durante una semana, retomarás tu objetivo la semana siguiente. Así que persevera en la creación de este nuevo yo más amoroso.

No te olvides de celebrar cada avance, por pequeño que sea. Felicítate por todos los progresos en relación con tu amor propio. Y no olvides tu motivación: hay algo que te motiva a querer mejorar la autoestima, a sanar tus heridas, y recordarlo te ayudará a sentirte motivado para seguir avanzando. Si olvidamos la motivación por inercia, pereza o miedo a salir de la zona de confort, podremos volver fácilmente a los viejos hábitos que nos mantienen estancados en el mismo lugar de siempre, pensando, sintiendo y haciendo lo mismo, atrayendo una y otra vez el mismo tipo de relaciones y situaciones.

El entusiasmo tiene que ver con el sentido que tiene para ti lo que haces. Si tomas consciencia del beneficio, no sólo haces el esfuerzo, sino que el esfuerzo se convierte a su vez en entusiasmo.

Ejercicio

Haz las tres listas de reconocimiento y acostúmbrate a dar reconocimiento a tu niño interior en tu día a día: «¡Qué bien lo hemos hecho!», «¡Qué niño tan creativo eres!», «Hemos tenido una actitud muy amorosa», «Me gusta como eres».

20

El perdón

Se ha demostrado que la práctica del perdón reduce la ira, el dolor, el estrés y la depresión y conduce a una mayor sensación de paz, compasión y confianza en uno mismo. Practicar el perdón conduce a relaciones saludables e incluso mejora la salud física. También influye en nuestra actitud, ya que abre el corazón a la bondad, la compasión y el amor. En cambio, los sentimientos de odio y rencor producen un efecto altamente nocivo para la mente y el cuerpo por todos los pensamientos dañinos que generan.

La rabia y el resentimiento son emociones que te atan a aquello que odias, y el odio es una atadura tan fuerte como el amor. Por medio del resentimiento hacemos al otro dueño de nuestra vida, mantenemos viva a la persona por la que nos hemos sentido agredidos y el pasado nos condiciona, lo cual resulta limitante.

El perdón tiene un poder de sanación inmenso. No es un acto de debilidad, sino de fortaleza. En la humildad se encuentra la verdadera fuerza; el soberbio sólo esconde su sensación de inseguridad. Libérate de esa persona que te lastimó a través del perdón, aunque sea solamente de su recuerdo. Si ya no forma parte de tu vida, cierra ese capítulo y una preciosa renovación tendrá lugar por sí misma dentro de ti.

Realmente nada es casual. Para perdonar, tienes que cambiar tu perspectiva sobre la situación, incrementar el nivel de consciencia, buscar una mirada más elevada, la de tu yo superior, y darte cuenta de que no existen los verdugos sino los maestros, y entender el mensaje que el maestro tiene para ti. Desde esa toma de consciencia abrirás el camino al perdón.

Tu vibración atrae ciertas energías. El complaciente atrae al invasor; la víctima, al verdugo; quien no se respeta a sí mismo, a personas que no lo respetan; quien se maltrata a sí mismo, a personas que lo maltratan. En relación con la atracción de ciertas relaciones, veamos estas interesantes palabras de Marly Kuenerz, psicóloga y autora de *El juego de la atención*.

> Significa que la responsabilidad no es solamente del invasor, sino también del invadido. Significa que si no te responsabilizas por lo que te corresponde, estás llamando a los demás para que te falten al respeto... Si te encoges, fatalmente aparecerá la persona que cumpla la necesidad energética de llenar el vacío que has dejado, y serás agredido. ¡Significa nada menos que la víctima es tan responsable como el verdugo!

Sin embargo, podemos sentirnos víctimas de las circunstancias, como si la vida se ensañara con nosotros y se empeñara en castigarnos, sin tomar consciencia de que, si atraemos el mismo tipo de problemas en una relación tras otra, en una nefasta y absurda repetición, es porque hay un aprendizaje pendiente. La vida en muchos momentos no es lo que queremos, pero sí lo que necesitábamos para madurar y evolucionar y, cuanto antes hagamos el aprendizaje que la vida nos intenta mostrar, antes nos liberaremos de situaciones o relaciones conflictivas que se repiten una y otra vez. Como decía Carl G. Jung, «aquellos que no aprenden nada de los hechos desagradables de su vida fuerzan a la consciencia cósmica a que los reproduzca tantas veces como sea necesario para aprender lo que enseña el drama de lo sucedido».

Debemos entender que lo sucedido tiene un sentido, guarda un aprendizaje, que hay un motivo profundo por el que atraes ciertas relaciones conflictivas a tu vida. Esta disposición hace que te alejes del rencor y el victimismo y empieces a darte cuenta de que dicho maestro-«verdugo» sólo intenta mostrarte una lección que tienes pendiente.

El perdón no es quitar la responsabilidad a la otra persona ni reconciliarte con ella. En ocasiones, el perdón nos parece un acto de amor hacia la otra persona, en ningún caso merecido. Hemos de entender que la necesidad de perdonar no es por la otra persona, sino por ti, porque quien es capaz de perdonar se libera de los venenos del odio, el resentimiento, el deseo de venganza y la amargura, esos lastres que van carcomiendo por dentro.

Para que un perdón sea completo se deben liberar las emociones dolorosas para transformarlas en aceptación. Esto se conseguirá admitiendo que la herida sigue abierta pero decidiendo que es momento de cerrarla; dejando de permanecer estancado en el pasado y permitiéndote avanzar. Nos hemos podido sentir injuriados, ultrajados y traicionados y entonces comienza la frustración, la rabia, la tristeza...; una amalgama de emociones que encogen el corazón y que es necesario expresar: date el permiso de hacerlo.

Hemos de reconocer también que albergamos resentimiento hacia nosotros mismos. Podemos sentirnos culpables y avergonzados por no haber visto venir esta situación, por haber sido ingenuos y confiados, por no habernos hecho respetar. Es bueno aceptar lo que sentimos, porque también se trata de perdonarnos a nosotros mismos. Hacemos lo que podemos en cada momento según nuestro nivel de consciencia, nuestras heridas, nuestros miedos o la información que nos proporciona el inconsciente. Además, puedes emplear esta experiencia en aprender y evolucionar. De ti depende que lo hagas, así que de nada sirve culparte.

Los puntos de fricción importantes que vivimos, las vicisitudes de la vida que hemos de afrontar, no son casualidad: son experiencias necesarias para nuestra evolución. Sanar las historias dolorosas de nuestra vida extrayendo su aprendizaje es una buena medida preventiva para escapar de la repetición de sucesos y relaciones dañinos. Cada conflicto nos da la oportunidad de crecer o de seguir lamentándonos por lo que ha pasado. Una vez que empiezas a liberar los sentimientos de rabia, tristeza, culpa..., comienza el silencio, buscas paz en tu interior (el único lugar donde la vas a encontrar) y te preguntas: «¿Para qué?». Entiendes el para qué y ahí comienza la aceptación de la situación y, con ella, su sanación.

Ejercicio

1. Vuelve a escribir una carta, con calma, dedicándole los días que sean necesarios.

Puedes hacer este ejercicio con cualquier persona con la que haya resentimiento. Te ayudará a perdonar. Es el ejercicio que te mostré para liberar el dolor con los padres pero con alguna variante.

Deja que tu niño interior se exprese. Dile: «Exprésate, cariño, quiero oír tu tristeza, tu enfado. Te permito expresarte libremente». Coger en brazos al muñeco que utilizas como forma de conexión te ayudará a dar voz a tu niño interior.

Puedes escribir la carta con la mano no dominante, como en el diálogo escrito. De esta forma, será más fácil expresar el dolor reprimido, ya que emergerá con mayor libertad la voz de tu niño interior (emoción).

Hazte las siguientes preguntas para profundizar en lo que produjo la herida: ¿qué es lo que hay por debajo de ese dolor?, ¿enfado?, ¿una demanda de amor que no fue satisfecha?, ¿falta de atención?, ¿necesidad de contacto?, ¿de reconocimiento?

Expresa también el sentimiento de culpa que puedes sentir contigo mismo.

2. Cuando hayas acabado de expresar las emociones dolorosas, el segundo paso es que intentes ponerte en el lugar de esa persona que te lastimó, porque comprender produce un alivio inmediato.

El perdón no es quitar la responsabilidad a la otra persona ni reconciliarte con ella, pero, según cuál sea el mal recibido, serán necesarias grandes dosis de empatía y comprensión para perdonar. ¿Cómo fue su infancia? ¿Había un niño herido en esa persona? ¿Crees que podía amarte como te merecías? ¿Se quería a sí misma?

En muchas ocasiones, pedimos a parejas, amigos o padres que nos den algo que no tienen. ¿Cómo han sido sus circunstancias vitales? No se trata de justificar a la otra persona ni de adornar la realidad, pero sí de intentar ponernos en su lugar para comprenderla. Algo que te ayudará, porque es realmente efectivo, es ver a esa persona como un niño pequeño herido; contribuirá a que entiendas sus actitudes.

Ya hemos visto que, si no hay un adulto consciente y amoroso que se haga cargo de su sufrimiento, el niño herido puede proyectar su dolor y su rabia en el otro y provocarle un gran perjuicio.

3. Agradece todos los buenos momentos que hubo con esa persona.

Y, si no los hubo, dependiendo de lo vivido, ante todo, agradece el aprendizaje que te ha dado. ¿Para qué te ha servido esta experiencia? ¿Qué has de aprender de ella? ¿Qué tienes que sanar?

Recuerda que el proceso de perdón no lo haces por la otra persona, sino por ti. Un corazón resentido no puede sentir paz.

Puedes decir estas palabras: «Te perdono y me perdono. Te libero y me libero. Ya no necesito hacerme daño a través de ti». Quema las cartas y luego arrójalas a un río o al mar para llevar a cabo ese acto alquímico de liberación. Suelta el pasado, avanza e integra el aprendizaje.

21

El niño herido en las relaciones de pareja

Las relaciones amorosas que atraemos y nuestra manera de vivirlas depende de nuestra experiencia en la infancia y de lo acontecido en la vida adulta. Si un niño se siente amado incondicionalmente por sus cuidadores, especialmente por sus padres, sentirá la seguridad de que esas figuras estarán disponibles siempre que las necesite. El niño aprende a sentirse seguro y querido y, por tanto, confía en sí mismo, en los demás y en la vida.

No obstante, somos conscientes de que en muchas ocasiones no es así y las carencias de la infancia salen a relucir en la relación de pareja, porque nos conecta directamente con nuestros primeros cuidadores: los padres. Las heridas pendientes de resolver con los padres se proyectan en la relación de pareja. Por ejemplo, puede darse el caso de que un progenitor fuera violento y agresivo. La hija sentirá la falta de cariño y la hostilidad y todo ello tendrá consecuencias en su autoestima, pero también en las relaciones que atraerá.

También se puede dar el caso de que se tienda hacia modelos contrarios y, entonces, la hija buscará a un hombre demasiado sumiso y carente de iniciativa. Pero no olvidemos que una elección hacia lo contrario sigue siendo una repetición, en este caso, por rebelión. La otra opción es repetir el mismo patrón por imitación y «elegir» —en realidad, es el inconsciente el que elige— a un hombre violento y agresivo. Igualmente, puede darse el caso de un hombre con una madre muy manipuladora y dictatorial que siempre atrae a mujeres manipuladoras y dictatoriales como su madre o, justo lo contrario, a mujeres sumisas y manipulables.

Se trata de atraer relaciones desde la libertad, no desde un conflicto pendiente de resolver con los padres. Recojo a continuación unas palabras de Victoria Cadarso, autora de *El niño interior encuentra el amor*: «Muchas veces los supervivientes de un trauma reviven las experiencias de la infancia buscando inconscientemente parejas que tienen los mismos comportamientos que les causaron el trauma en la infancia. Es como si tuvieran una compulsión a la repetición, como decía Freud; es un intento desesperado de solucionar ese trauma atrayendo a personas con las que se active para darle un final diferente».

También hemos de tener en cuenta la idealización: la hija idealiza excesivamente a su padre o el hijo a su madre. Esto puede dar lugar a frustraciones en las relaciones, porque nadie está a la altura del padre o de la madre. No idealices y mira a tus progenitores como lo que son, personas como todos nosotros, con sus fortalezas y sus debilidades.

En una relación sana de hijos y padres (en ningún caso, idealizados ni detestados), el padre es el referente masculino y la madre el referente femenino. Los hijos buscarán en sus parejas características que les atraigan de su padre o de su madre e intentarán evitar las que no les gusten, siempre de manera inconsciente, gracias a las diferentes variables que operan en nuestro psiquismo, lo cual, si no hay idealización ni rechazo, no resulta perjudicial.

Sigamos indagando en la relación de pareja. Primero, veamos lo que no es una relación de pareja, aunque desde la perspectiva del niño interior herido podamos caer en estos errores tan comunes:

1. Tu pareja no es quien llenará tus vacíos de falta de amor propio, abandono, rechazo, soledad... Nadie puede llenar tus vacíos por ti. Las relaciones de pareja no nos libran del dolor; sólo sanar nuestras heridas pendientes nos libera de él.
2. Tu pareja no es tu madre, ni tu padre, ni tú eres su padre o su madre.

¿Has sido padre o madre (cuidador), hijo o hija (dependiente) de tu pareja? Podemos adoptar el papel de cuidadores del otro para que no nos abandone y querer que esa persona nos necesite. También podemos tener una gran dependencia emocional de la otra persona y basar todo nuestro bienestar emocional en la relación.

Imaginemos que habla el niño herido de una persona que tiene el rol de cuidadora en lo referente a su relación de pareja: «Yo soy el responsable de los sentimientos de mi pareja», «Depende de mí hacer que mi pareja sea feliz, aunque para ello tenga que olvidarme de mí», «Su bienestar emocional es más importante que el mío».

Imaginemos ahora que habla el niño herido de una persona con el rol de dependiente emocional: «Cuídame tú. Yo no puedo», «Yo no puedo cuidar de mí mismo, necesito que alguien cuide de mí», «Mi felicidad depende de ti».

En ambos casos, el niño interior herido entrará en pánico cuando la pareja dé señales de que puede dejar la relación. Tememos el abandono porque creemos que no podremos sobrevivir sin la otra persona. Eso era cierto en la infancia: necesitábamos a nuestros padres, dependíamos de ellos. Ahora somos adultos con recursos de sobra para cuidar de nosotros mismos.

A medida que vayamos aumentando nuestro amor propio, conectando con nuestra dignidad personal, llegaremos a poder entonar una frase que leí en una ocasión, aunque desconozco el autor, y que me pareció la declaración de amor más hermosa que puede hacerse: «Te elijo a ti porque te he escogido libremente, no porque te necesite», es decir, no porque esa persona tenga que llenar tus vacíos, no porque no sepas estar solo, no porque no sepas darte amor tú solito, no porque estar en pareja sea «lo normal», no porque te tenga que arreglar la vida... Estás con esa persona porque libremente, desde el amor y no desde el temor, la has elegido a ella y sólo a ella, y eso implica que la aceptas tal y como es. Y si un día se va o te vas tú, sentirás dolor porque había un vínculo de amor entre vosotros —y lo seguirá habiendo, pero de otra forma—, pero será dolor, no sufrimiento.

El dolor en la vida es inevitable: viene del corazón, incluso del alma. Lo que no experimentarás será sufrimiento, porque no comprarás las películas que la mente te intente vender sobre «¿Qué voy a hacer ahora?», «¿Quién me va a cuidar?», «Hay algo malo en mí», «Ya nadie me va a querer»... Te marcharás libre de resentimiento y te quedarás con la gratitud del encuentro. Hay abrazos que duran toda la vida. Ese regalo de amor vivido se quedará contigo; ya es tuyo para siempre.

Seamos capaces de mostrar nuestra vulnerabilidad, porque ser vulnerable, aunque pueda asociarse con la fragilidad, es ser fuerte; es ser capaz de decir o hacer algo que tememos que pueda dañar la imagen que nuestra pareja tiene de nosotros; es abrirnos totalmente, de forma pura e inocente, compartir nuestros miedos, nuestras heridas, no para que el otro miembro de la pareja se haga cargo de ellas, sino para que las conozca y no se sienta responsable de ellas. Esto ayuda a crear confianza, a conocerse y a abrir el corazón. De hecho, hay personas que no quieren conectar con su niño interior porque lo asocian con la fragilidad. Pero todos tenemos fortaleza y fragilidad, y cuando te atreves a mostrar tu vulnerabilidad, eres fuerte.

Una pregunta muy usual relacionada con los vínculos de pareja es la siguiente: ¿por qué atraemos siempre el mismo tipo de relaciones de pareja? Porque, como hemos visto en el capítulo del perdón, no existen los verdugos, sino los maestros, y algo te está intentando mostrar ese patrón repetitivo. Quizá lo que se te intenta exponer es que te quieras y te respetes, que no te conformes con las «migajas» y que aspires a tener relaciones respetuosas y equilibradas. Desde la falta de amor a uno mismo, no se pueden atraer relaciones sanas: lo que se crean son relaciones de codependencia.

Pongamos el caso de que atraes a personas «no disponibles», que ya tienen una relación de pareja, lo que te hace sentir víctima de la mala suerte. Más bien lo que puede suceder es que seas tú quien está cerrado al amor. Conscientemente puedes creer que tu corazón está abierto y receptivo a amar y ser amado, pero tu inconsciente no está de acuerdo y la fiel pantalla que es la vida te lo muestra. Puede haber un niño herido dentro de ti que tiene miedo a que le hagan daño, a ser usado, manipulado, a no merecer ser amado tal y como es, con lo que evita cualquier intimidad. Es como si tu niño interior herido dijese estas palabras: «Sí, me gustaría tener una relación de amor, pero desconfío. En pareja me han hecho demasiado daño y no quiero que me lo vuelvan a hacer, no me vuelvo a arriesgar. Si alguien me gusta de verdad, me entra el pánico y huyo. Sólo de pensar en volver a sentir el dolor que me provocaron mi padre y mi madre cuando me sentía rechazado por ellos... Primero papá y mamá y después otras parejas que tuve, todo el mundo me rechaza o me abandona. Duele..., así que cierro el corazón».

En ocasiones, puede ser cierto que una persona no desee establecer un vínculo de pareja y que sea una decisión tomada desde la libertad. Tener un compañero de vida o formar una familia no debe ser una obligación porque es «lo normal»; debe ser una elección que te haga ser fiel a ti mismo. También puede darse el caso de que una persona pueda estar viviendo un duelo por una relación anterior o incluso estar transitando un momento vital complicado y no estar disponible emocionalmente para compartir el camino con otra persona. Simplemente, se trata de ser sincero con uno mismo y descubrir la verdadera intención que hay detrás de una decisión.

Algo que hay que evitar es la proyección de las heridas de abandono o rechazo en la infancia con la pareja. Puedes sentirte abandonado por tu pareja, rechazado, tratado con falta de respeto, sentir celos... Si hay un motivo, pon límites y plantéate si es la relación que deseas o si estás en esa relación por no estar «solo». Sin embargo, en otras ocasiones, lo que ocurre es que sucesos que no son tan importantes cobran demasiada intensidad porque la persona los interpreta desde sus heridas de abandono o rechazo, así que se enfada, ataca a su pareja, se coloca en el papel de víctima...

Si nos permitimos sentir el dolor que llevamos dentro, proveniente de la infancia, porque nos faltó amor, apoyo o seguridad, esto nos ayudará a reaccionar de forma diferente en lugar de echarle la culpa a la pareja, en la que proyectamos el deseo de que cuide a nuestro niño interior por nosotros. Nuestras heridas infantiles condicionan nuestra vida adulta y vivimos situaciones en pareja en las que se revive la herida originaria y reaccionamos de forma desproporcionada. Pero no permitas que tu niño interior herido tome el control. Ahora tienes los conocimientos para responder de otra forma.

Pongamos el ejemplo de que notas que tu pareja está más distante de lo normal y te sientes abandonado, lo cual te produce dolor. Sabes que está algo preocupado y que vive un momento laboral complicado. Podrías afrontar la situación, entablar una conversación sincera con la otra persona y saber si hay un motivo de preocupación real o puedes comportarte como un niño demandante, poseído por una rabieta, y gritar a tu pareja, hacerla sentir culpable para manipularla o, lo que es lo mismo, tener una reacción desproporcionada porque se han activado en ti las heridas de la infancia pendientes de resolver, cuando te sentías ignorado, solo y abandonado.

Esto es fácil de entender desde el intelecto pero ¿cómo evitar esas reacciones desproporcionadas que surgen de tu niño interior herido?

1. Siente la emoción dolorosa que se ha despertado para equilibrarte emocionalmente. Recuerda la meditación «Liberar el dolor emocional»: te ayudará a recuperar el control y a equilibrarte emocionalmente.
2. Conecta con tu niño interior y pregúntale a través del diálogo escrito: «¿Por qué te duele tanto esto?». Indaga para saber dónde está el origen del conflicto.

Finalmente, a través del diálogo escrito, puedes buscar la mirada más elevada de tu yo superior en esta situación y ser consciente de si necesitas llevar a cabo una acción amorosa hacia ti mismo, como pasar más tiempo con amigos, cuidar más a tu niño interior...

Ahora, desde ese equilibrio interior, ya puedes mantener una conversación con tu pareja, sin culparla ni querer cambiarla, para que sepa lo que despierta en ti vuestra relación (heridas, miedos...), porque, como ya hemos visto, es algo que ayuda a crear confianza y a abrir el corazón.

Se trata de hacernos responsables de nuestros propios conflictos y de mirar en nuestro interior, sin achacar nuestro dolor a una persona, en este caso, la pareja, que en muchas ocasiones nada tiene que ver con el origen de ese malestar. Nadie más que tú puede escuchar, amar y cuidar a tu niño interior y, desde ahí, crear un vínculo sano de amor e intimidad, sin máscaras ni corazas.

Ejercicio

¿Tus parejas se parecen a tu padre o a tu madre? Recuerda la imitación pura y la imitación por rebelión. ¿Qué tipo de relaciones atraes? ¿Hay algún patrón repetitivo?

Puedes escribir la historia de tus relaciones conflictivas y, de este modo, tomar consciencia de si hay algún patrón que se repite.

22

Los apegos

El apego no es amor, es la necesidad de que alguien nos dé el amor, el apoyo y la comprensión que creemos que no podemos darnos nosotros mismos. De niños, somos absolutamente dependientes, pero, cuando llegamos a la edad adulta, hemos de aprender a amarnos y volvernos independientes.

El apego es una esclavitud del alma. Si esa persona está, surge la alegría, la ilusión, pero, si falta, sientes hasta un dolor en el pecho que te oprime, te invade la desesperanza, tu mente se llena de pensamientos negativos... ¡Ah!, pero si vuelve a aparecer, todo se olvida, el tiempo se detiene, llega otra vez la alegría, la dicha, la esperanza... Es un círculo vicioso muy peligroso, porque le estás dando el poder de hacerte feliz a otra persona y la única persona que realmente puede hacerte feliz eres tú mismo.

En el tema de los apegos, podemos estar hablando de una relación conflictiva, en la que predominan los desencuentros y la inestabilidad emocional de uno o de los dos integrantes de la pareja; una montaña rusa de pasión, incertidumbre y conflictos que puede ser muy atractiva por la descarga de adrenalina que produce pero que resulta muy perjudicial para nuestra salud mental. Porque el amor auténtico no posee, libera; no retiene, suelta; no es egoísta, es desinteresado.

Todo este camino que estamos haciendo para cultivar la autoestima es lo que se necesita para soltar relaciones que te mantienen bloqueado y estancado en el pasado. Pueden haber pasado varios años y que siga vivo un sentimiento hacia una relación que ya acabó, puesto que hay situaciones o vivencias que marcan a una persona con intensidad, manteniendo vivo el recuerdo de ese añorado amor, lo cual es incompatible con encontrar la felicidad junto a otra persona. De ahí la importancia de cerrar bien las separaciones, es decir, de aceptar que esa relación ha llegado a su fin y afrontar el proceso de duelo.

Un indicador de que no se está aceptando la ruptura y de que hay un duelo bloqueado —al fin y al cabo, ya sabemos que lo habitual es intentar zafarse del dolor emocional— es que, aunque la persona asegura que lo tiene asumido, cuando empieza a hablar de ello se observan ciertos matices emocionales como la rabia, la tristeza, la frustración o la culpa. Debemos adaptarnos emocionalmente a la nueva situación elaborando un duelo, que es un proceso natural necesario y liberador.

Para soltar relaciones es de vital importancia evitar la idealización, esa huida de la realidad en la que inventamos al otro para que cumpla con nuestra expectativa, en la que sólo vemos sus virtudes pero exagerándolas de forma desproporcionada. Con el tiempo, la persona va despertando de su letargo y se hacen evidentes las características ajenas a su ideal, lo cual causa rabia, desilusión y frustración. Se culpabiliza al otro por no cumplir con sus fantasías mentales, cuando se trata de responsabilizarse por haber creado un ideal que tiene poco o nada que ver con la persona real.

Es cierto que en determinadas circunstancias, como puede ser el enamoramiento, la idealización es parte del proceso. Durante el enamoramiento, el entendimiento está nublado y la emoción lleva las riendas. El verdadero problema de una idealización insana es cuando una persona idealiza hasta el extremo de quedarse apegada a ese espejismo y nadie está a la altura, con lo cual se niega la posibilidad de un amor real, sano y gratificante, porque, aunque soltar duele, más duele que tu vida se detenga por aferrarte a una quimera y vivir sólo de un sueño.

En ocasiones, una persona siente apego no sólo por una relación determinada, sino por la época en que se dio esa relación. El niño interior, como siempre hace, lo va a explicar con absoluta sinceridad: «Es que me cuesta olvidarla porque me recuerda a una época en la que fui muy feliz y en la que esa persona estaba ahí y, a través de su recuerdo, conecto con esa época y me siento bien recordando cómo era la vida entonces, cómo era yo, porque ahora me falta ilusión». Es decir, puede ir todo unido: cierto apego al recuerdo de esa persona y también al momento de la relación, por haber ocurrido en una etapa dichosa de la vida.

Se trata de soltar el pasado sin quedarnos anclados en la nostalgia y volver a buscar esa ilusión en uno mismo y en el momento presente con una actitud de apertura hacia la vida. Como explica la neurociencia, cuando una persona se enamora, se crean neurocircuitos muy resistentes y ésta es una de las causas por las cuales puede resultar más complicado «desvincularse» de esa persona una vez que termina la relación. Cuando hemos aceptado la situación y liberado emociones que nos ataban a la relación anterior, cuando nos perdonamos y perdonamos, es cuando estamos preparados para empezar de nuevo.

Ejercicios

Si hay alguna relación pendiente de soltar, sea porque te cuesta alejarte de ella aunque quisieras dar el paso o sea

una relación del pasado que no acabas de liberar, haz este ejercicio por escrito.

1. Acepta que estás apegado: la sinceridad es el requisito primordial para avanzar.
2. ¿Qué vacío está llenando tu apego?
3. ¿Qué pensamientos limitantes hay detrás de tu apego que te impiden soltar? Miedo a quedarte solo y a sentirte abandonado, culpa, miedo al qué dirán, a no tener la aprobación de los demás...

   Puedes decirle a tu niño interior estas palabras o unas parecidas: «Soltar no es perder nada; soltar es dejar espacio para que algo nuevo y más adecuado para nosotros entre en nuestra vida. Estamos avanzando, alegrémonos por ello, no estás solo; yo estoy contigo. Nos merecemos a alguien que nos valore, que aprecie la belleza de nuestra alma, que nos reconozca, que nos trate con respeto. No nos vamos a conformar con menos. Vales mucho, pequeño».
4. Si intuyes que, aunque una relación ya terminó, todavía hay cierto apego por resentimiento, culpa o idealización, te propongo que vuelvas al capítulo sobre el perdón y hagas el ejercicio recomendado. No sólo te permitirá avanzar, sino que evitarás proyectar resentimientos y heridas sin curar en una futura relación.

Y, ya que hablamos de una persona que compartió contigo parte del camino, deséale lo mejor. No quiero decir que tengas que hablar físicamente con esa persona, puesto que es un proceso curativo contigo mismo, pero puedes decirle mentalmente: «Yo deseo para ti lo que tú desees para ti. Espero que encuentres tu felicidad. Gracias, te dejo ir».

23

Acción a pesar del miedo

> Cualquier acción es a menudo mejor que la no acción, especialmente si has estado atrapado en una situación infeliz durante mucho tiempo. Si es un error, al menos aprendes algo, en cuyo caso ya no es un error. Si te quedas atrapado, no aprendes nada.
>
> ECKHART TOLLE, guía espiritual y escritor alemán

Un adulto amoroso es capaz de reconocer y afrontar sus miedos y de actuar a pesar de ellos. Así que ha llegado el momento de la acción. A veces no nos damos permiso para vivir la vida que realmente deseamos y todo se vuelve tan previsible que nuestra existencia se convierte en una sucesión de repeticiones poco gratificantes.

El miedo y la inseguridad matan demasiados sueños. Por el contrario, la pasión y la ilusión son los motores del cambio. Crea tu vida desde el amor y no desde el temor. Recordemos que el verdadero amor propio es ser, hacer o tener lo que tu corazón te pida, sin intención de dañar a nadie, porque, de lo contrario, puedes acabar viviendo una vida que ni siquiera es la tuya.

Elisabeth Kübler-Ross, psiquiatra y autora de varios libros, entre ellos la famosa obra *La muerte: un amanecer*, acompañó a cientos de personas en su proceso hacia la muerte y contaba que el mayor arrepentimiento de la gente se podía resumir en una frase breve y sencilla: «Me hubiera arriesgado más». Nuestra vida algún día terminará. Cada instante es un regalo que no debemos dar por hecho y la muerte es la gran maestra que nos enseña la importancia de disfrutar de la vida sin desperdiciarla.

Estamos equipados para la transformación, pero nos quedamos encasillados en la repetición de las viejas historias del pasado. Cuando nos sintamos estancados, una pregunta poderosa es la que planteaba Fritz Perls, creador de la terapia Gestalt: ¿qué estás evitando? La conducta evitativa aumenta el miedo. Al no afrontar la situación que nos provoca miedo e incertidumbre, nunca comprobamos que somos capaces de hacerle frente y superarla. En consecuencia, su perspectiva se vuelve cada vez más atemorizante y el miedo nos paraliza. Por el contrario, las personas psicológicamente sanas viven en el presente, mirando con confianza e ilusión el futuro, estableciendo metas que les generan pasión y avanzando hacia ellas a pesar del miedo.

Sin embargo, la voz del ego hará su aparición estelar y te hará dudar: «¿Y si lo intento y no funciona?». Has aprendido de ello y te has quedado con la satisfacción de tener coraje y determinación para ir en busca de tus sueños. Por tanto, tu autoestima ha crecido. Felicítate por ello y sigue caminando, siempre abierto a lo sorprendente y mágico. Además, has actuado desde el amor y no desde el temor, de modo que algo correcto y perfecto para ti se materializará como consecuencia de ese coraje de perseguir tus anhelos más profundos y sinceros.

Ten en cuenta, no obstante, que la mente filtra la información del presente según las experiencias pasadas. Por ejemplo, tuviste el coraje de emprender y crear tu propio negocio, pero las cosas no salieron como esperabas. Ahora deseas volver a emprender, pero te da miedo por lo que sucedió en el pasado. Sin embargo, no tiene por qué repetirse la misma situación, ya que, para empezar, tienes más experiencia, has aprendido de los posibles errores, esos traspiés que castigamos y que nos hacen sentir culpables, cuando son una gran herramienta en el proceso de aprendizaje.

Se trata de sustituir el miedo al fracaso por la confianza en ti mismo y, si te caes, vuelve a levantarte con más fuerza que nunca. Se trata de elegir salir fortalecidos de los momentos adversos. Las personas que encuentran un verdadero sentido a su vida se caracterizan por poseer una meta, o varias, para el futuro, que las motiva e inspira para seguir avanzando, disfrutando del camino y encontrando satisfacción y gozo en las cosas triviales y cotidianas del día a día.

Ejercicios

1. Da un primer paso hacia eso que te da miedo, con coraje, sabiendo que vale la pena arriesgarse.

2. Evita la postergación.

Lo que esconde la procrastinación constante no es pereza, es miedo.

3. Crea un plan de acción.

Se trata de atrevernos a hacer frente a lo que tememos, correr el riesgo de perder algo, sostener una confrontación, soportar un rechazo.

- ¿Qué hago?
- ¿Cómo lo hago?
- ¿Cuándo lo hago?

Y no te olvides de esta pregunta: ¿por qué lo hago? Recuerda preguntarte cuál es tu motivación para dar ese paso. De esta forma, el esfuerzo se convertirá en entusiasmo, esa mezcla de ilusión, optimismo y vitalidad que nos da la fuerza que necesitamos para emerger.

24

Límites asertivos

> Algunas personas causan felicidad a donde van; otras, cuando se van.
>
> OSCAR WILDE, escritor

Tu niño interior tiene que saber que tienes ciertos derechos:

- Tienes derecho a decir que no.
- Tienes derecho a dar tu opinión.
- Tienes derecho a cambiar de opinión.
- Tienes derecho a expresar tus deseos.
- No es necesario que justifiques tus decisiones o acciones.
- Tienes derecho a equivocarte. Si hay aprendizaje, no hay error.

En relación con «tienes derecho a decir que no», es necesario destacar que en ocasiones puede resultar difícil, porque hay muchas personas con miedo a los conflictos: «Mejor no hago/digo esto para que no se enfaden», «No sé cómo decirle a esta persona que eso que ha hecho no me parece bien», «Me da miedo decir que no y que me deje de querer». Ser capaces de reaccionar ante lo que nos disgusta y de defender nuestros derechos es un principio de bienestar y amor propio. Afrontar los conflictos y manejarlos de forma eficiente nos ayuda a crecer, a avanzar, a mejorar nuestra autoestima.

Pero hay personas a las que les preocupa excesivamente decir o hacer algo que moleste a los demás. De hecho, este miedo a las personas y a sus reacciones puede provocar que acabemos haciendo cualquier cosa con tal de evitar el conflicto, traicionándonos a nosotros mismos e incluso sometiéndonos a personas abusivas. Afirma tu personalidad con los actos que te parezcan justos, aun sin la aprobación de los demás. Conecta con tu dignidad personal sin dobleces ni disfraces; no cedas para encajar.

Veamos qué te puede ayudar a poner límites asertivos si ha llegado la hora de expresar tus necesidades libremente y hacerte respetar o, dicho de otro modo, de defender a tu niño interior. En primer lugar, utiliza el lenguaje corporal y el tono de voz. Debes mostrarte seguro al hacer una solicitud, indicar una preferencia o decir «no». Ponerse de pie, inclinarse un poco, sonreír o mantener una expresión facial neutra y mirar a la persona a los ojos son acciones que denotan seguridad. También debes asegurarte de hablar con claridad y con un tono de voz lo suficientemente alto.

Una forma asertiva de dialogar es hablar primero de ti y no «atacar», sin criticar ni recriminarle nada al otro, para evitar que se sienta atacado y pueda ponerse a la defensiva, con frases del tipo «me siento...», «me gustaría que...».

Recuerda también no sentirte culpable si no haces lo que los demás quieren que hagas y tú realmente no quieres hacer: sé fiel a ti mismo y deja de tener miedo a perder la aprobación de los demás.

Lo que suele ayudar es ir paso a paso, no ir directamente a confrontar a esa persona a la que te suponga un mayor reto poner límites. Practica la asertividad en tu día a día en otras situaciones o con otras relaciones en las que te resulte más sencillo; esos pequeños logros te ayudarán a generar confianza en ti mismo y a adquirir el arte de la asertividad.

Otra práctica muy efectiva es visualizarte poniendo límites a esa persona, ya que, como he explicado anteriormente, nuestro cerebro no distingue entre lo que es real y lo que es imaginado. Si nosotros visualizamos una y otra vez una situación, nuestro cerebro se habitúa a ella de tal forma que para él esa experiencia queda registrada como si realmente hubiera sucedido. Por lo tanto, poner límites te resultará más sencillo si utilizas el poder de la visualización, así que visualiza y, después, actúa en consecuencia.

No te obsesiones con poner límites: en ocasiones, sin duda, es necesario, pero no veas una ofensa donde no la hay. Podemos ser el receptáculo de la ira de los demás simplemente porque no tienen un buen día y podrían proyectar su irritabilidad hacia nosotros o hacia cualquier otra persona.

En ocasiones, desde la perspectiva del niño herido, nos tomamos todo como algo personal. Por ejemplo, te atrae una persona pero tú a ella no. En este tipo de situaciones es muy habitual conectar con el abandono y el rechazo y pensar: «Hay algo malo en mí». Pero eso no es cierto, aunque el niño interior herido pueda pensar que sí. Puedes gustarle o no a una persona y eso no te hace peor. O incluso puede que esa persona no tenga el corazón abierto para una relación de pareja o que, simplemente, no sea su deseo.

Esto no se aplica sólo en el tema sentimental: en demasiadas ocasiones nos tomamos todo como algo personal. Si percibimos cada situación negativa como un ataque en contra de nosotros, podemos llegar a dudar de nuestra propia valía y creer que somos los culpables de todo lo que sucede alrededor. La razón por la cual nos afecta tanto una crítica es, casi siempre, nuestra propia inseguridad: cuantas más dudas tenemos acerca de nosotros mismos, más vulnerables nos volvemos al juicio ajeno. Cuanto menos te juzgues a ti, menos juzgarás a los demás y menos te afectará el juicio externo, porque confiarás en ti.

Asimismo, es importante comprender que una crítica constructiva puede ayudarnos a tomar consciencia de algo que no habíamos podido ver. Nos sirve para mejorar y debemos agradecerlo, sin caer en inseguridades excesivas.

Ve practicando la asertividad en tu día a día, aunque te resulte difícil en un primer momento porque no tienes el hábito. Ve poco a poco, con perseverancia y compasión contigo mismo.

Ejercicios

1. Control de reacciones desproporcionadas.

Si has intentado dialogar con una persona asertivamente y ella no está abierta al diálogo, recuerda que no podemos controlar los comportamientos de los demás, de modo que no intentes manipular a través de la culpa o la ira ni buscando su compasión.

De hecho, esos primeros segundos en que te puede poseer la ira son claves: respira y mantente en silencio. Te será muy efectivo practicar Ho'oponopono y decirle a tu niño interior: «Calma. Así no, no es la manera». Se trata de educar las reacciones para que no sean desmesuradas. Te sentirás orgulloso de ti mismo por haberlo conseguido.

2. Liberación emocional.

Aléjate y conecta con los sentimientos de tristeza, abandono, culpa o rabia que puedan surgir; reconócelos, acéptalos, siéntelos y déjalos ir con todas las propuestas de manejo emocional que te he ido invitando a practicar.

Puedes dialogar con tu niño interior para permitir que se exprese y calmarlo. Defiende a tu niño interior y, aunque no existen los «verdugos» sino sólo los maestros, no toleres faltas de respeto; pon límites con firmeza.

El aprendizaje está hecho. Se trataba de decir «adiós» o, quizá, «hasta luego», si la relación puede transformarse en una relación equilibrada en la que prevalezca el respeto. Hay relaciones que nos nutren y aportan valor a nuestra vida, mientras que otras pueden acabar llevándose nuestra libertad, nuestra dignidad, nuestra alegría y nuestra paz.

25

Recuerdos positivos

> Una vez que usted ve la autoimagen del niño, empieza a mejorar, verá significativos avances en las áreas de logros, pero, aún más importante, verá a un niño que está empezando a disfrutar más de la vida.
>
> Wayne Dyer, psicólogo y escritor de libros de autoayuda

Viaja en el tiempo con tu niño interior y rememora momentos felices de tu infancia. Hazle preguntas (puedes hacerlo dialogando) y disfruta de esos recuerdos; incluso en las infancias difíciles siempre hay algún recuerdo gratificante. Esas escenas te servirán para desdramatizar y no fijar tu atención únicamente en los eventos negativos. En una infancia complicada también se puede encontrar un beneficio, como, por ejemplo:

- Te sentiste un niño ignorado y eso te ha hecho ser un adulto independiente y resolutivo.
- Tu infancia estuvo llena de adversidad, pero te hizo fuerte y capaz de empatizar con el dolor ajeno y hasta

te dedicas a ayudar a otras personas a sanar su infancia.
- En tu niñez pasaste penurias económicas y eso te ha hecho desarrollar un gran talento para atraer abundancia económica.

Se trata de resignificar los hechos que sucedieron durante la infancia, con la mayor sabiduría y madurez. Te pongo un ejemplo. Louise Hay, conferenciante y autora de varios libros de éxito mundial, todo un referente en el mundo del crecimiento personal, vivió una desgraciada niñez en la que sufrió constantes abusos. Posteriormente, ya de adulta, logró superar un cáncer. Eligió que esa experiencia la fortaleciese y le sirviese para dar un mensaje al mundo de amor propio, merecimiento y perdón, el mismo que ella tuvo que aplicar para sanar su cuerpo y su corazón.

La resiliencia —y ya no me refiero sólo a la infancia, sino también a la vida adulta— no es sólo la capacidad de enfrentarse a las adversidades y saber adaptarse a situaciones difíciles, sino también de salir enriquecidos de esos momentos de intenso dolor. Para superar ciertos infortunios, no queda otra que desplegar todo el poder personal, de forma que capacidades y talentos dormidos o poco desarrollados puedan emerger.

Se trata de aprender de la experiencia, de evolucionar, sin estancarnos en el pasado, conectando con quienes realmente somos, con el brillo de nuestra alma: de este modo, seremos más sabios, más fuertes y tendremos una mayor autoestima y una mayor confianza en nosotros mismos, por todo lo superado y aprendido. Un pasado de adversidad no tiene por qué condicionar el futuro. Si asumimos otra perspectiva y otra actitud con respecto a las dificultades vividas, podremos ver que esconden numerosas oportunidades.

Ejercicios

1. Conecta con la alegría recuperando momentos felices de tu niñez.

2. Reflexiona sobre si has podido extraer un beneficio incluso de las experiencias más dolorosas de tu infancia.

26

Hábitos amorosos

Ya lo decía Alan Watts: «No tienes ninguna obligación de ser la misma persona que eras hace cinco minutos». Puedes decidir quién quieres ser adquiriendo hábitos que te lleven a convertirte en esa persona. Una autoestima sana y el respeto hacia ti mismo también han de expresarse en acciones amorosas, actos que tu adulto amoroso se encarga de llevar a cabo.

Veamos a continuación ciertas áreas de tu vida en las que tus hábitos están reflejando tu grado de amor propio.

¿Cuidas el sueño?

Pasamos una tercera parte de nuestra vida durmiendo. El tiempo adecuado para dormir puede variar en una persona u otra y es el que nos permite llevar a cabo nuestras actividades diarias con normalidad y despertarnos con la sensación de haber descansado.

Los trastornos del sueño conllevan repercusiones diurnas como fatiga, problemas cognitivos (de atención, memoria, concentración...) y ánimo bajo. Para mantener una buena salud es importante establecer un horario de sueño regular. Además, los pensamientos negativos y las preocupaciones son el componente fundamental del insomnio, de modo que intenta calmar la mente antes de dormir con respiraciones, meditación... Te será de gran ayuda practicar Ho'oponopono para aquietar la mente.

¿Cuidas el aseo personal?

Hay personas con una imagen tan pobre de sí mismas que se abandonan físicamente. No es cuestión de obsesionarse con la belleza física —algo que también demuestra una gran inseguridad—, pero cuidar la imagen corporal tiene un impacto positivo en la autoestima, porque te aporta seguridad.

¿Cuidas la alimentación?

¿Qué tipo de alimentos ingieres? ¿Mucha comida basura buscando ese subidón rápido de dopamina? Cuando estamos tristes, deprimidos o aburridos, muchas veces comemos en exceso y normalmente alimentos poco saludables. Es como si pretendiésemos que los alimentos llenasen ese vacío emocional que sentimos y que no sabemos cómo gestionar, intentando enmascarar las emociones dolorosas con comida para seguidamente sentirnos culpables.

En esos momentos, observa la emoción que te invade, gestiónala, dialoga con tu niño interior, indaga en el origen de ese impulso desmesurado por comer.

¿Mueves el cuerpo haciendo deporte o caminando?

Un cuerpo que no se mueve se atrofia. Hacer deporte nos aporta grandes beneficios: genera endorfinas y serotonina, ayuda a prevenir la ansiedad y la depresión y mejora nuestro autoconcepto. Son varias las investigaciones que asocian la práctica de actividad física con una mejor percepción de la imagen corporal y una mayor satisfacción con uno mismo.

¿Te diviertes o te centras siempre en la responsabilidad?

Venimos de generaciones que, por lo general, se han permitido poco el placer. De nuestros abuelos y padres, en cuyas vidas todo era lucha y esfuerzo, has podido oír frases como «Trabajar poco es de vagos» o «En la vida hay que luchar constantemente, no te relajes», y tú, por lealtad familiar, adquieres ese tipo de creencias limitantes e inviertes toda tu energía física y mental en la responsabilidad, la lucha y la competición.

Pero la vida no se vive luchando constantemente, sino que se disfruta y se vive con entusiasmo. Hay momentos en que se requiere un esfuerzo mayor por nuestra parte, pero es mejor que éste no sea nuestro patrón de vida, porque la lucha constante es agotadora, así que equilibra tu vida entre la responsabilidad y el placer. Haz una lista con todo aquello que te entusiasma hacer; el gozo y la risa revitalizan el alma. Sé espontáneo, como cuando eras niño; eso no es inmadurez, es vida. Si no, te acabas encogiendo, volviéndote demasiado rígido. Sé espontáneo con sensatez, niño y adulto unidos.

Llevar a cabo actividades que nos hagan disfrutar nos ayuda a desconectar de la preocupación y hace emerger nuestro lado más creativo. Sumergirnos en una actividad sin ningún objetivo y sin querer ser los mejores, sólo por el placer que produce en sí misma, como cuando éramos niños, nos aporta júbilo, paz y optimismo y nos aligera la vida, así que no congelemos nuestra alegría. Pregúntale a tu niño interior, él sabe de momentos mágicos, y tú, como adulto, pasa a la acción.

Hay hábitos que nos aportan bienestar emocional y nos acercan a nuestros anhelos más profundos. En cambio, otros nos alejan de ello. Según un estudio de la Universidad de Harvard sobre el establecimiento de metas, las personas que escriben sus metas tienen más probabilidades de alcanzarlas que las que no lo hacen, así que diseña objetivos claros y anótalos, de forma que te mantengas enfocado en los nuevos hábitos que quieres implantar, que son pequeños pasos que te acercan a tu meta.

Identifica y evita los «ladrones de tiempo», esas actividades que realmente no te aportan nada. Asimismo, evita la gratificación instantánea: «Hoy estoy triste, me comeré un dulce. Mañana empiezo la dieta» o «Hace frío, me quedo en el sofá. Ya iré al gimnasio». En muchas ocasiones, buscamos un placer inmediato y momentáneo que a la larga no es positivo. Y nadie dice que no haya que disfrutar de la vida y darnos caprichos, pero recordemos que también es nuestra elección si le sacamos jugo a la vida o la desperdiciamos.

Ejercicio

Ve adquiriendo nuevos hábitos que te fortalezcan física y emocionalmente, poco a poco, y evita sentirte culpable por lo que sea necesario mejorar, pues te va a generar ansiedad.

Recuerda hacerte las siguientes preguntas: «¿Qué hago?», «¿Cómo lo hago?», «¿Cuándo lo hago?», «¿Por qué lo hago?».

27

Dar

> El amor es luz, dado que ilumina a quien lo da y lo recibe.
>
> ALBERT EINSTEIN

Recuerdo una conversación que mantuve con una persona que había superado en dos ocasiones un cáncer, lo que le mostró que lo más importante es vivir el presente y no preocuparse por lo que no tiene importancia. Descubrió que los sueños se pueden cumplir a cualquier edad. Él había sido contable casi toda su vida, pero, cuando se jubiló, decidió dedicarse a la música, a componer canciones, que era lo que realmente siempre había anhelado su alma.

—Y, aparte de la música, ¿qué es lo que le hace a usted más feliz? —le pregunté.

—Compartir buenos ratos con las personas y hacer favores a la gente siempre que puedo. Cuando me dicen: «¿Cómo le devuelvo este favor?», yo les respondo: «Hágale un favor a otra persona».

—Qué hermoso, ésa es la verdadera fuente de la vida: compartir con amor. Pero no se olvide de recibir... —le dije yo.

—No, yo recibo mucho de la vida y, si necesito algo, lo pido.

Estudios científicos demuestran que la solidaridad hace que las personas sean más felices y que los mejores momentos de felicidad de la gente están relacionados con la solidaridad y las relaciones afectivas. Realmente no hacen falta estudios científicos para constatar este hecho: todos hemos experimentado el bienestar emocional, la sonrisa interior que proviene de dar. Así que se trata de darnos amor, reconocimiento, afecto, comprensión y apoyo a nosotros mismos, pero también de proporcionarlo a los demás, no para que te quieran o para agradar, sino simplemente porque te nace hacerlo de forma espontánea, sin buscar un beneficio a cambio.

Cuando damos, conectamos con lo mejor de nosotros, con la generosidad, con el amor, con el ser. Se mueve nuestra energía de amor y, en muchas ocasiones, ese amor, estancado y obstruido, vuelve a brotar en nuestro interior, ayudándonos a sanar las heridas enquistadas. Dar a los demás y no estar centrado sólo en uno mismo nos ayuda a salir del «yo, yo, yo», que puede conducir a la obsesión y a la depresión, porque la visión se estrecha y todo puede verse de manera desmesurada.

Cuando nos interesamos por los demás, el corazón se abre y sentimos bienestar. Por ejemplo, con la escucha activa, que consiste en estar presente para la otra persona, receptivo, escuchando amorosamente sin juicio. Se trata de ser afectuosos, respetuosos, amables y compasivos y de intentar comprender a las personas sabiendo que hay una historia personal detrás. Debemos generar empatía y ponernos en el lugar del otro.

Cuanto más amor sientas en el corazón, proveniente del que te das a ti mismo, del que das a los demás y te permites recibir con gratitud, más te alejarás del miedo en todas sus manifestaciones. El gran antídoto del miedo es el amor.

> Abrir el corazón tiene muchísima relación no sólo con la calidad de vida, sino también con su cantidad, es decir, con su duración. La soledad y el aislamiento aumentan el riesgo de enfermedad y de muerte prematura por cualquier motivo, entre un *200* y un *500* por ciento.
>
> Brian L. Weiss, autor de *Lazos de amor*

En cuanto al reconocimiento que te das a ti mismo y a los demás, es de sobra conocido el efecto Pigmalión, que viene a decir que el hecho de que los demás nos vean como personas capaces de hacer algo y crean en nosotros nos infunde valor, aumenta la confianza en nosotros mismos y la posibilidad de conseguir nuestro objetivo. Como decía Goethe, «trata a un ser humano como es y seguirá siendo lo que es. Trata a un ser humano como puede llegar a ser y se convertirá en lo que está llamado a ser». Y es que el efecto Pigmalión tiene una explicación científica: hoy sabemos que cuando alguien confía en nosotros y nos contagia esa confianza, nuestro sistema límbico acelera la velocidad del pensamiento, incrementa la lucidez, la energía y, en consecuencia, la atención y la eficiencia.

Nunca sabemos el impacto tan positivo que podemos ejercer en una persona cuando le brindamos amorosamente nuestro reconocimiento. Una muestra de afecto en un momento complicado, un gesto de amistad, una ayuda que se nos brinda, palabras de reconocimiento, abrazos y caricias cuando nos sentimos desalentados... pueden ser una nueva referencia para el inconsciente, que nos dará la habilidad de ejecutar con otros la misma muestra de amor. Ahora sabremos cómo hacerlo porque lo hemos recibido. En muchas ocasiones, pedimos a parejas, amigos o padres formas de demostrar su amor que simplemente no están en su repertorio.

Ejercicios

1. Pon el corazón en todas las acciones.

Todo lo que se hace desde el amor sale mejor. En lugar de llevar a cabo tus actividades diarias con hastío, especialmente, las que te desagradan, puedes hacerlo desde el amor y el agradecimiento y comprobarás que así obtienes mejores resultados.

2. Da afecto, reconocimiento, apoyo y comprensión, pero por el simple hecho de dar, no desde un personaje de cuidador complaciente, rescatador...

3. Observa qué ocurre si un día te sientes mal anímicamente y brindas tu ayuda a alguien que lo necesite de forma desinteresada o si eres cariñoso con esa persona y le muestras tu reconocimiento. Observa si hay cambios en tu estado de ánimo.

28

El comienzo real de la travesía

Te sugiero que vuelvas a repasar los ejercicios propuestos en este libro, ya que aprendemos a base de repetición; lo que no se practica se pierde:

- Ten presente a tu niño interior en tu día a día. No lo abandones, recuérdalo, siéntelo contigo.
- Intenta ver conscientemente al niño interior de las personas con las que convives y, con ello, comprender mejor sus actitudes.
- Dialoga con frecuencia con tu niño interior, escuchándolo y acompañándolo.
- Intenta no fallarle en las promesas que le hagas para ganarte su confianza.
- Abraza al niño interior siempre que sientas necesidad de ello y déjalo expresar su dolor emocional.
- Permítete hacer cosas espontáneas, sabiendo que estás nutriendo esa parte emocional que habita en ti.

Experimentar por ti mismo todo lo aquí expuesto es lo que te permitirá integrarlo. Ante todo, se trata de observarse a uno mismo para ir mejorando ciertos hábitos dañinos: ¿qué piensas?, ¿qué sientes?, ¿qué dices?, ¿qué haces?

Aprender a amarse a uno mismo es un proceso que requiere su tiempo, pero todo paso cuenta, por pequeño que sea, ya que cualquier avance respecto al amor propio aporta un gran bienestar. Disfruta del recorrido; todos estamos en el camino.

Como ya hemos visto, en muchas ocasiones, con quien estamos enfadados es con nosotros mismos por no sostener nuestras decisiones, por nuestra falta de perseverancia, por fallarnos cuando renunciamos a nuestros sueños o no nos atrevemos a ser auténticos, por conformarnos con menos de lo que merecemos, por no hacer caso a la voz del corazón.

Nunca deberíamos perder la inocencia, la pureza, la confianza, la autenticidad de un niño que vive sin corazas, sin máscaras, porque el mayor poder en esta dimensión donde reina el miedo es un corazón abierto y repleto de amor primero hacia ti mismo y luego hacia los demás. Nuestro niño interior es muy sabio y sabe que, si le dejamos un espacio en nuestra vida, la viviremos de otra forma, sin tanta seriedad, sin tanto drama, con más alegría, espontaneidad, ternura... Esa parte infantil sana hará que el camino por esta existencia sea más liviano y amable, que le podamos dar la forma deseada a nuestra vida, sin tantos miedos, porque cuando éramos niños no teníamos miedo al fracaso, al rechazo, al qué dirán, al error... Ocúpate de quererte a ti mismo, de sanar tus heridas, porque algo en tu consciencia desea emerger a la superficie y mostrar su rostro: el amor, el que comienza en uno mismo. Lo demás viene después.

¿Recuerdas a Virginia, a Víctor, a Alicia, a Marcos y a Margarita? ¿Qué pasaría si empezasen a cuidar y a amar a su niño interior? ¿Y si comenzasen a practicar el sentir las emociones, poner límites asertivos, soltar, avanzar a pesar del miedo, alejarse de esos personajes del ego creados para agradar? Quizá ahora su niño interior les daría un mensaje diferente, porque ese niño ha empezado a recibir amor y ha comenzado la transformación.

Recordemos las palabras de la niña herida de Virginia sobre su relación de pareja:

> Ahora que eres mi pareja, lo que más necesitaba en mi vida, tú te encargarás de sanar mis heridas; yo seré cuidadora y tú dependiente emocional, o viceversa. Como no sé darme amor a mí misma ni tú a ti mismo, lo haremos así. Si me siento abandonada o rechazada, no pensaré si realmente hay motivos para juzgar una acción tuya como ofensiva, no me haré cargo de mis heridas de abandono y rechazo y proyectaré mi dolor en ti. Quizá lo que haga si me siento abandonada será ser yo quien después te rechace, para que puedas sentir el dolor que tú me has producido antes. Tampoco te expresaré mis necesidades: doy por hecho que las tienes que adivinar y, si no lo haces, me enfadaré. Tendré mucho miedo de que te vayas y sentiré un gran apego (dependencia) por ti, porque, ¿quién me dará amor entonces? Yo no sé darme amor, nadie me enseñó; más bien aprendí a buscarlo fuera.

Ahora habla la niña interior sana de Virginia:

> Me gusta que me digas que no estoy sola, que tú estás conmigo y que no me vas a abandonar y que nuestra pareja no tiene nada que ver con mamá ni papá. Me gusta que me pongas límites si me enfado mucho y soy agresiva, porque después no me siento bien. Me gusta que me veas, que me escuches y que hables conmigo, que me expliques las cosas y que yo te pueda expresar cómo me siento.

Recordemos ahora las palabras del niño interior herido de Víctor:

Tenemos que ser perfectos, hacerlo todo de diez, como decía papá. De lo contrario, significa que somos unos perdedores y unos mediocres. Estoy cansado, muy cansado, pero he de seguir esforzándome. No quiero ser un mediocre y, además, las personas admiran nuestro éxito. Eso me hace sentir importante. Tengo miedo de perder la admiración de los demás si cometo un error y de que vean la realidad: que no valgo tanto como creen. Hay que seguir esforzándose, ser el mejor. Aunque estoy cansado, muy cansado, y me pongo muy nervioso y tengo ansiedad si cometo un error, echo de menos divertirme más, descansar, pero no tengo tiempo: tengo que seguir esforzándome para ser el mejor.

A continuación, habla el niño interior sano de Víctor:

Me gusta que, aunque entiendo que tenemos responsabilidades, hagamos cosas divertidas. Me gusta que me digas cuándo hago algo bien. Me gusta que me digas que no tengo que ser perfecto, que los errores nos permiten aprender y que tú siempre me vas a querer. Me gusta que me hayas permitido expresar el enfado con papá y mamá, porque ahora los entiendo mejor y ya no tenemos que buscar su aprobación.

Recordemos a la niña interior herida de Alicia:

Estoy cansada de cuidar a todo el mundo, pero tengo que seguir haciendo favores aunque no quiera, porque es lo que les gusta a las personas de mi entorno: que siempre esté disponible. Me dicen que soy buena y eso me gusta, me siento querida. Si digo que no, me siento culpable. Me he sentido muy sola toda mi vida y, si no hago favores constantemente, los demás dejarán de quererme y no lo podría soportar: me volvería a sentir ignorada como cuando era pequeña. Además, mamá me decía cosas bonitas cuando la ayudaba y cuidaba a todos mis hermanos, aunque yo lo que quería era jugar.

Ahora se expresa la niña interior sana de Alicia:

Me gusta que cuides a los demás, pero sin que te olvides de mí y sin que sea una obligación. Me gusta que me veas y me escuches, que hables conmigo, que me des un abrazo, que me digas que no estoy sola, que tú estás conmigo, y que me tengas presente en tu día a día. Me gusta conectar con las personas de verdad, mirarlas a los ojos, intentar comprenderlas, hablar con sinceridad, sin apariencia. Me gusta ser auténtica.

Rememoremos al niño interior herido de Marcos:

Sólo de pensar en escribir ese libro siento mucho miedo. ¿Y si lo hago mal? ¿Quién soy yo para ser un escritor de éxito? Temo mucho el fracaso, sentirme insignificante, que los demás vean que he fracasado, que me juzguen... Sólo de pensar en comenzar a escribir el libro se me tensa el cuerpo y me duele el estómago. No, yo no estoy a la altura, tengo demasiados sueños en la cabeza. Es mejor que sea realista. Dejaré de tener fantasías absurdas. Escribir un libro debe de ser muy bonito, siempre ha sido mi sueño. Cuando voy a las librerías imagino que mi libro está en las estanterías, que firmo ejemplares y que ese libro da un poquito de felicidad a las personas. Pero todo es absurdo: no estoy preparado todavía. Quizá lo esté algún día, no lo sé. Hay personas que me dicen que escribo bien, pero lo hacen porque me quieren. Últimamente no tengo mucha ilusión por nada, me cuesta levantarme por las mañanas. Todo es tan monótono... Ese libro me haría sentir ilusión, pero es algo irreal, es hora de dejar atrás los sueños absurdos.

Ahora habla el niño interior sano de Marcos:

> Me gusta que me calmes cuando tengo miedo y me gusta avanzar a pesar del temor. Me gusta que vayamos a intentar ese sueño y tener ilusiones. Me gusta confiar en ti, en la vida y en las personas. Me gusta que me digas que valgo mucho aunque tengamos que mejorar cosas.

Recordemos a la niña herida de Margarita:

> Me siento tonta y poca cosa cuando me trago las palabras que le diría a más de uno cuando me tratan faltándome al respeto. A veces hasta me gritan como lo hacía papá y me siento humillada y poca cosa, pero no quiero generar un conflicto: me dan miedo el conflicto, las discusiones, los gritos... Me recuerdan a cuando era pequeña y mamá y papá se peleaban. Yo quiero llevarme bien con todo el mundo, quiero gustar, quiero que me quieran. Los demás me ven como una buena persona, tranquila y pacífica, y cuando una vez puse límites se enfadaron conmigo. Me duele mucho la garganta...

Prestemos atención ahora a la niña interior sana de Margarita:

> Me gusta relacionarme con personas que me hacen sentir bien y me tratan con respeto. Me gusta llorar si estoy triste o que me dejes expresar mi enfado. Me gusta hablar con mi yo superior porque me dice cosas sabias que me hacen sentir paz. Me gusta empezar a percibir una mayor libertad y dejar que emerja de mí sin miedo y me nutra lo que yo soy realmente.

Espero que este libro te brinde apoyo e inspiración para aumentar tu amor hacia ti mismo y hacia los demás y dejar que la vida te muestre su amor.

Bibliografía

Bradshaw, John, *Sanar la vergüenza que nos domina: Cómo superar el miedo a exteriorizar tu verdadero yo*, Obelisco, Barcelona, 2004.

—, *Volver a casa: Recuperación y reivindicación del niño interior*, Gaia, Madrid, 2015.

Branden, Nathaniel, *El respeto hacia uno mismo: Cómo vencer el temor a la desaprobación de los demás, el sentimiento de culpa y la inseguridad*, Paidós Ibérica, Barcelona, 2002.

Brown, Michael, *El proceso de la presencia: El poder del ahora y la conciencia del instante presente*, Obelisco, Barcelona, 2008.

Cadarso, Victoria, *Abraza a tu niño interior: Nunca es tarde para sanar tu infancia*, La Esfera de los Libros, Madrid, 2013.

Castanyer, Olga, *La asertividad: Expresión de una sana autoestima* (43.ª edición), Desclée De Brouwer, Bilbao, 2021.

Chopich, Erika J., y Paul, Margaret, *Cura tu soledad: Cómo encontrar el amor y la plenitud a través de tu niño interior*, Edaf, Madrid, 2012.

Dahm, Ulrike, *Reconcíliate con tu infancia: Cómo curar antiguas heridas*, Desclée De Brouwer, Bilbao, 2011.

De Mello, Anthony, *Despierta*: *Peligros y posibilidades de la realidad*, Gaia, Madrid, 2011.

Dispenza, Joe, *Deja de ser tú: La mente crea la realidad*, Urano, Barcelona, 2012.

Dyer, Wayne W., *Tus zonas erróneas: Guía para combatir las causas de la infelicidad*, Grijalbo, Barcelona, 2014.

Garriga, Joan, *El buen amor en la pareja: Cuando uno y uno suman más que dos*, Destino, Barcelona, 2013.

Goleman, Daniel, *Inteligencia emocional*, Editorial Kairós, Barcelona, 1996.

Hawkins, David R., *Dejar ir: El camino de la liberación*, El grano de Mostaza, Barcelona, 2014.

Hay, Louise, *El poder está dentro de ti*, Urano, Barcelona, 2012.

Katie, Byron, y Mitchell, Stephen, *Amar lo que es: Cuatro preguntas que pueden cambiar tu vida*, Books4Pocket, Barcelona, 2009.

Krishnananda, *De la codependencia a la libertad: Cara a cara con el miedo*, Gaia, Madrid, 2017.

Kübler-Ross, Elisabeth, *La muerte: un amanecer*, Planeta, Barcelona, 2020.

Kuenerz, Marly, *El juego de la atención: Descubrir nuestro propio yo*, Libsa, Madrid, 2002.

Marquier, Annie, *El poder de elegir*, Luciérnaga, Barcelona, 2016.

Miller, Alice, *El drama del niño dotado y la búsqueda del verdadero yo*, Tusquets, Barcelona, 2020.

Rovira, Álex, y Miralles, Francesc, *Alegría*, Zenith, Barcelona, 2017.

Tolle, Eckhart, *El poder del ahora: Una guía para la iluminación espiritual*, Gaia, Madrid, 2007.